아프게 읽지 못했으니 문맹입니다

이은심 시집

상상인 시선 022

상상인 시선 022

아프게 읽지 못했으니 문맹입니다

초판 1쇄 발행 ǀ 2021년 7월 15일

지 은 이 ǀ 이은심
펴 낸 곳 ǀ 도서출판 상상인
북마스터 ǀ 김유석 최지하 이선애 마경덕
뉴크리에이터 ǀ 이만섭 진혜진
등록번호 ǀ 제572-96-00959호
등록일자 ǀ 2019년 6월 25일
주   소 ǀ 06621 서울시 서초구 서초대로74길 29, 904호
전화번호 ǀ 010-7371-1871
전자우편 ǀ ssaangin@hanmail.net

ISBN 979-11-91085-20-4 (03810)

값 10,000원

* 이 책은 전부 또는 일부 내용을 재사용하려면 반드시 저작권자와 도서출판 상상인의 동의를 받아야 합니다.

* 이 책은 교보문고와 연계하여 전자책으로도 발간되었습니다.

* 이 시집은 2019년 한국문화예술위원회 아르코문학창작기금 수혜를 받아 발간되었습니다.

아프게 읽지 못했으니 문맹입니다

* 저자의 의도에 따라 작품의 보조 동사와 합성 명사는 띄어쓰기가 달라질 수 있습니다.

* 본문 페이지에서 한 연이 첫 번째 행에서 시작될 때에는 〈 표기를 합니다.

시인의 말

내 일생의 나쁜 쪽을 비워두니 돌아갈 집이 없는 바람과 새가 멸망처럼 울고 간다
나는 그 동선을 따라가 빛으로 빛을 문질러 다시 울게 할 뿐이다

이 작은 생이 오류라면 인간의 높이를 따돌릴 수 있다고 해두자
허나,
동냥젖으로 키운 내 어린것들에 무거운 붓을 맨 혐의는 지금 선 이곳에서 고스란히다

신을 만나는 밤이 더 있어야겠다

2021. 여름
다시, 북쪽 방에서

■ 차례

1부

노크 없이	018
산책의 범위	020
씨, 질감의 기억	022
블라인드	024
흰 새벽	026
얼음가위	028
안녕, 디바	030
마네킹	032
공익광고	034
자본론	036
문장의 시작	038
줄넘기 가족	040
눈,사람은 잘 받았습니다	042

2부

밥줄	047
이면지	048
나는	050
블로썸 데이	052
값은	054
윷은	056
말뚝	058
장미 찾아오시는 길	060
숨,	062
치약, 이팝꽃 환한	064
분만기	066
눈사람 1	068
눈사람 2	070

3부

블러드 문	075
자화상	076
중얼거리는 액체들	078
오고 또 오는	080
옥상에 다녀올 때마다	082
내 슬픔에 수저를 얹고	084
조금씩 자주 도란도란	086
여든여덟 개의 증상이 된 피아노	088
분실 이후	090
곳,곳 가을	092
너라는 권능	094
동물원	096
어느 날 벼랑이	098

4부

Before and After	103
오후로 가득한	104
껌	105
작위적이라는 방이 있었다	106
내가 민들레를 울렸을까	108
말하자면 계단은	110
그때 그 새들은 어디로 갔을까	112
언니, 언니들	114
쥐눈이콩 서사敍事	116
삼키다	117
드라이플라워	118
오류의 도서관	120
시간이 그를 아가라고 부를 때 - 화산석	121
손톱놀이	122
굿바이 엔젤	123

해설 _ 송기한(문학평론가, 대전대 교수) 125
상상 속에 펼쳐진 자아와 사회의 음영

1부

노크 없이

 독한 에스프레소에 아는 神의 이름을 섞어 마신 건 말하지 않는다 헤어드라이어로 젖은 눈물을 말린 건 말하지 않는다

 조용조용, 조용은 소리가 너무 커

 아무도 살지 않는 외딴 머리맡
 착한 죄를 소독하고 그러다 맑아져서 산소처럼 병색을 잊을까 쇠락한 손톱을 나지막이 다듬고

 연한 살을 골라 우뚝해지는 검은 글씨의 흘러내림, 집요하게 목만 내밀고 있는 물병과 일인식사환영 같은
 슬픔 이하가 다 젖도록 신발을 가지런히 놓고

 아픈 사람은 반드시 흰 벽 사이에 있다는 건 말하지 않는다 반쯤 열린 문으로 통증이 들것을 타고 온다는 것도

 우리 중 하나가 창 앞에 서 있기 위하여 노크도 없이 날카로운 소식이 성큼성큼 닥치고 그래야 아플 수 있는 병을 반듯하게 펴서 눕힐 때

응급은 수많은 한 번으로 몰래 뺨을 닦는다는 건 말하지 않는다

산책의 범위

저물녘의 말이란 가장 느린 보행

당신이나 나나 푸르러지는 산책은 쉬어야 할 의자가 상상보다 멀리 있다는 말

서쪽으로 먼저 걸어간 당신에게 연두를 연두라고 말하지 못한 건 이곳은 곧 저곳이 되는 까닭이었다

챙만 남은 모자를 쓰고 입술이 지워진 마스크를 쓰고 누군가의 부름에 답하는 개의 표정을 목줄처럼 죄어본 나의 거짓엔 실수가 없고

모두가 앞으로 나아갈 때 혼자 서 있기 위하여 단지 무엇인가 있던 자리를 멍하니 바라보기 위하여 오래라는 말이 사라졌을 때 나는 한쪽 굽만 닳은 팔짱을 풀었다

내가 다 알 수 없는 시큼한 땀 냄새마저 어둠 속에 빠른 걸음으로 묻어버리고 쩍쩍 갈라지다 혼자가 된 강의 이면에서 이미 엎질러진 후회란 다음 물굽이에 닿아보지 않았다는 말

〈

　오늘을 함부로 밟은 풀밭으로부터 내일 하려고 했던 말까지는 빙 둘러 켜놓은 부랑의 둘레를 천천히 걷는 길
　우리는 끝이 보이지 않는 관계라고 당신은 빈손을 내밀었고 나는 끝이 보이는 관계라고 찬 손을 내주었던 며칠

　너무 좋아하면 강을 건너가 버리는 당신은 한쪽 날개가 새파랗게 젖어 있었고 떼어내도 어쩔 수 없이 궂은 날씨가 예고되어 있었다

씨, 질감의 기억

 평생이 떨어지는 연습이다 멍이 들면 틀린 것이다

 열의 아홉까지 차오른 마음이 바투 잡은 손잡이를 단숨에 밀고 들어왔을 때 씨는 처음으로 저를 돌려 깎는 과도를 본 것인데 경우 바르게 그때 뱉어낸 씨를 발목 좌우에 묻었다고

 몰아치는 빗발에 꼭지가 도는 저녁 여덟 시도 멍이 들면 다 틀린 일이다 봄에 씌워두었던 봉지를 벗기기 시작한 건 뉴스의 내용이 생각나지 않아서였다

 각자의 방에서 숙성되기를 기다리는
 통째 아삭한 연애의, 죄를 내가 다 받을 것이다

 설익은 뺨을 덥석 베어 무는 설레임은 두 사람이면 꽉 차고 휘파람을 불어넣는 대로 대화에 침이 고인다 첫 마음의 솜털을 밀고 정수리에서 무려 분홍까지

 딱 한 켜 부족한 향기 때문에 던지면 광주리 밖으로 떨어지는 빠듯한 풋것

몇 번을 구를지 바람 속의 일을 그도 모르고 나도 몰랐을 뿐이다

내가 키웠다고 다 내 것은 아니다 트럭이 오면 박스는 연장자순으로 사라질 것

털끝도 건드리지 못한 중심은 또 백일하에 드러나
씨로서 부디

응, 하고 다문 입술로 기쁘시게
네, 하고 멀리 보내는 숨결로 당당하시게

블라인드

　죽을 것이 죽은 것보다 슬프다 고백이 말라붙은 행간 치렁치렁한 거기에 나는 있다

　부드러운 철자법은 까마득한 성운에 사는 새를 검색하지 못한다
　지난여름 닦으면 더욱 뚜렷해지는 빗속에서 수많은 당신이 지워져 나가고 나의 계절은 주인을 섬기지 못했다 지붕 없는 집 아래 뼈만 남은 바다를 쓸어 덮는 불법체류자
　슬픔의 탕을 끓여 제를 올리던 당신은 혹시 나 아닌 나, 제목만 붙은 플래카드였을지 모른다

　찾고 있는 자료가 없습니다

　없다고 정말로 믿으면 손금이 손등을 뚫고 자라 나왔다 꿈과 손금의 방향이 달라 두 집 살림을 다른 이름으로 저장하였다

　그만둔 고백처럼 나는 뒤를 바라본다 한때 관계는 봄숲처럼 초록이 반복되고 재발하였으나 웃음과 울음은 거기서 거기라고 당신은 옆을 지웠고 두꺼운 발 냄새와 일방적

인 식사 등등

　내가 아닌 꽃 꽃이 아닌 올리브는 당신이 키우고 석류의 신맛은 내가 거두었다

　유사어로 검색하시겠습니까

　참과 거짓이 힘을 다해 어긋날 때마다 주위를 끝없이 배회하는 감기처럼 빵을 벌고 빵을 자를 칼을 사던 한쪽 어깨만으로

　별, 천년을 피곤한 등불이라니

　오늘 이후 모든 창을 열지 않음
　오늘 이후 마음을 열지 않음

흰 새벽

먼바다의 새벽에 한 여자가 아기를 안고 물의 백성이 되려 한다 장식이나 가구가 없는 물고기의 집
비밀을 알아버린 비밀은 가장자리로 떠밀리며 스스로 물의 손잡이를 돌리고 있다 우리의 상복을 빨던 물이 방파제 아래 고여서 주름치마는 수선화처럼 부풀고 한쪽 귀는 모래의 음악에 젖는다

웅성거리는 비린내
출몰하는 등대들

일찍이 한 몸의 머뭇거림을 접고 접어서 부서진 머리카락이 산호의 눈을 넘어 죽음으로 헤엄쳐갈 때
이럴 수가 없어
뺨을 부비는 은빛 캐리어가 빛의 소용돌이에 갇혀 있다
물 묻은 영혼 외에 무엇이 남았나
미끄러지는 물결의 유혹인가 나무로 깎은 심장인가

익명은 갓난아기를 일찍 철들게 하였다 담요에 싸인 차가운 새벽 두 시의 바다
〈

집에 가자
집에 가서 맑은 혀로 철썩철썩 울자

해안선이 마지막으로 지킨 것은 시시각각의 물의 정령
이승과 저승을 나누기 전 죽음을 능가하는 도시로 가자
가서 뭐라 하지 않아도 빨래를 걷는 저녁을 멀리서 바
라볼 것처럼

그럴 수밖에 없는 것처럼

얼음가위

 우린 사슬 모양의 아름다운 배열이었어
 아침마다 새 얼굴이 열리던 나무였어
 불에 탄 양배추를 나누어 먹던 월화수목
 그러지 않았니 새 가위를 가진 정원사가 오면 쉽게 어두워지는 흰 셔츠를 용서하자고 흘린 수프처럼 뒷면만 켜는 음악을 우물에 던져버리자고

 심장에 닿기 위하여 사랑이 화살처럼 지나가던 그곳에서 우리 숨어 살 수 있었는데
 작은 손수건처럼 접힌 시간이 별들을 한없이 떨어뜨리는 걸 볼 수 있었는데

 너는 잊고 나는 잊지 않은 약속의 저녁들마저 극장 앞에서 떨고 있을 때 오려낼수록 몰려오던 구름을
 너는 믿고 나는 믿지 않는 우산을 펴들고 직전의 물방울을 따라갈 때 우산 밖으로 쏟아지던 각자의 촛불을

 -나야,
 이건 저쪽의 목소리를 자른 가위
 저건 얼음의 눈을 자른 가위

〈

 울창한 관계의 숲에서 우린 사슴 모양의 말을 잃었어 북받치는 금토일이 집을 비웠어

 무딘 가위를 갈아 양털을 깎는 꿈속 내 아버지에게 묻고 싶어 태어나지 않은 그곳의 시간은 뜨거우냐고 함께할 수 없는 손으로 식은 국을 데우고 덮었던 책을 다시 펼치는 마음처럼 뜨거운 게 또 있느냐고

 미안해

 상한 가지 대신 멀쩡한 꽃을 자른 가위였어 우리는 엄지와 검지로 오려낸 평화였어

안녕, 디바

삼십 년이면 음의 맛을 알 때도 되었다
미파솔
내가 들어야 할 가벼움의 소리로 꽉 찬 피아노

베란다 깃발도 펄럭여야 할 국경일이 지났다고 시간을 밀 듯
인부를 기다리며 들여다본 건반은 돌아누울 수 없을 만큼 흐려 있었다

아에이오우
때가 지났어도 번식하는 까만 반음들

지옥에도 꽃이 필까
음을 끌고 다닌 피아노는 뒤돌아볼 수 없는 열정으로 흐려 있었다

나쁜 날씨처럼 남아버린
그러므로
사실대로 말하면 죽을 것 같은 사랑이
4악장에서 끊기고

레퀴엠이 한 묶음의 티켓을 들고 자신의 관을 찾아 가벼이 떠난 것처럼 포스터가 붙어 있어도 어두운 피아노는 관객을 볼 수 없었다

  뚜껑은 뚜껑대로 뒤판은 뒤판대로 흩어질 때 사실대로 말해도 된다 언젠가는 멈출 손자국에 대하여

  운반비가 별도라는 인부에게 나는 손뼉 칠 때를 놓친 손바닥을 보여주었다

마네킹

난감할 때 죄가 되는 보라를 보았니
한때 보라를 사랑한 건 그녀를 사랑한 것
그녀를 사랑한 건 감기 기운 같은 과거와 코밑의 미래를 사랑한 것

구름의 팔짱을 껴도 볼 수 있는 태양이 되어 줘
유리에 반사되는 말이 말을 걸어오다가
바이올렛처럼 아파,하면 흰 등이 보이고 그냥,이라고 하면 쇄골이 사라진다

어느 날은 우연이
어느 날은 아무것도 아닌 만약이
손을 내밀어

윈도 밖에서 더 대담하도록
우리 안에서 더 서성이도록

잡힐 듯 아니 잡힐 듯 색 쓰는 매니큐어를 발라주었다
그녀가 그녀다워질 때 난감이 사라지듯
〈

아니오 아니오

젊음을 멈추게 하는 젊음처럼
한 발짝만 더 안으로 드시게

불을 끈 알몸이 죽거나 살아남거나 우리는 서로였으면
좋겠어
   더딘 화색같이 오늘은 우리끼리 있어
   보라에서 떨어져 나와
   상점과 상점 사이에

공익광고

흰 눈은 광고 속에만 있습니다
발톱을 빼면 고양이는 고양이가 아닙니다
세 살 지나 네 살
엘라의 보조개는 검습니다
뚜렷한 욕조에 냉기 사이로 귀만 들어옵니다
네 살은 세 살의 맨발
똑똑 물방울이 손등을 차례로 넘기고 엘라는 욕실을 불어 끕니다
네가 부재였으면 좋겠어
유리창이 핏물을 뱉습니다
엘라는 엘라를 낳고 다섯 명의 엘라가 오십 명의 엘라를 낳고
세면대 아래 꼭꼭 숨어도 자꾸 들키는 이건 술래잡기가 아닙니다
팔베개를 내밀던 그게 처녀가 낳은 별이었다면
어쩌나 엄마라는 말은 어려워
아침마다 엘라는 늦어서 도착하고 공익의 손이 광고를 끕니다
집이 없는 한 켤레의 손
손이 없는 한 켤레의 발

이 무관심을 무럭무럭 울어버려 아가
숱한 거절 때문에 봄이 늦는 세상을 네가 먼저 버려
엘라의 뺨에서 네 살이 사라집니다
무슨 일인가 흰 천을 씌운 방은 웅성거리는 애도의 식
순順式이 되고
뭘 어쨌다고 책망이 인형을 쓰러뜨릴 때
안길 품속이 없어 그냥 갔습니다

엘라는 네 살입니다

자본론

사물도 오래되면 감정이 생긴다
젖은 헝겊으로 재갈 물렸던 빨래집게가 속옷 하나를 물고 놓지 않는다

다 잃고 형식만 남은 걸까

어쩌나 저 지조는 홀로 휘황하니 내 손등이나 긁을 뿐
짐승의 피가 흐르는 가죽냄새의 비명과 흰 손에 묻은 면장갑의 실체가 침수된다

잘살고 있겠지

문득 떠오르는 불안을 꾹꾹 눌러 짜고 빨래인 줄 알고 비틀어 짠 손목 한 켤레와 놀라도 죽지 않는 수치의 허우대를 중심 잡는 할복의 긴 빨랫줄

여기만 오면 왜들 뜨거운 리듬을 따라가게 될까

진화는 최초의 청동빛을 여의고 기둥 뒤에 숨어서 제비꽃 무늬를 새긴다

씨줄과 날줄이 고요해지기를
모든 습지가 발랄하게 탈수되기를

흘러내린 어깨에서 남향을 얻기까지 침묵의 입을 무덤으로 가져가는
집게의 윤리

낙마한 자의 곤고한 턱을 지나면 죄의 관절은 더욱 완고해질 것이다 반죽음이 된 진심을 거풍시키면서 빨래집게는 더러운 것은 죽어도 물지 않는다

그것이 집게의 자본이다
명랑한 자본이다

문장의 시작

뜨거운 날개도 없이 새의 높이에 닿을 것처럼
바다 한 장 없이 외눈박이 등대를 낳을 것처럼
상상은 머리 위를 쿵쿵 걸어 다니지

말티즈는 사과를 좋아하고 사과는 컹컹 짖고

자살한 고양이와 토마토 기러기처럼 평범한 맞춤법으로는 고칠 수 없더군
도로 위의 불편한 핏자국 말이지
밤새 삐걱거리던 의자가 뼈만 남은 북극성이라는 소문 말이지

꾸역꾸역 밀려오는 연과 행의 거미줄을 걷고 구석이라도 꺼내 읽어보세
우리는 우리를 빈칸으로 써야 한다네

풀무를 돌려 쇠를 짓는 심정으로 소란소란 우거져 수줍은 본명을 잃어보세
강으로 흘러가 안개 그 나지막한 온도를 참고 칭찬 한 줄 없이 일찍 일어나는 새벽의 사회생활을 어렵게 읽어보세

조금만 더 가면 좌측 상단에 못 박힌 쇠목을 산맥처럼 매만질 수 있다네
그 뼛속에서 우리 아파도 좋겠네

귀를 막으면 잘 들리는 마음 거기서부터 시작하세
마감을 하루 남기거나 넘기거나
마지막 한 장 남은 종이 거기서부터 다시 시작하세

더러는 지우개로 지운 새가 돌아오는 날도 있을 것이네

줄넘기 가족

 젖은 날씨를 널어 말리던 새끼줄에 우리는 걸려 넘어졌지 처음을 넘어 하루를 넘어 접힌 허리를 졸라매고 줄 넘는 연습 중이었는데 지나가던 사람들이 그건 거미줄이라며 웃었지 웃음을 비웃으며 우린 그걸 삼키기 시작했어 산 목구멍이 거미줄로 가득 차도록
 누가 고치가 된 우릴 안고 가지 않을까

 낮을 사랑하고 밤을 경외하는 깨끗한 눈썹에서 줄을 잘못 선 새들이 벌 받고 있었지 후후 넓어진 공터가 발목 떨어진 뒤꿈치를 흠씬 붙잡을 때 아파도 늘 아프다는 게 문제였어 가난해도 마구 가난하다는 게 문제였어
 저녁이 되고 아침이 되기 전에 아버지 한 번만 더 그윽하게 멸망해주세요 우리는 중얼거리는 구름의 말투를 빌렸어 말들의 후유증에 걸려 넘어질까 밥상머리에서 시든 싹처럼 시들시들 웃었지 웃으니까 정말 운명이 나머지 발까지 몽땅 걸더군 우리 편끼리 팽팽하게 당기다 부러뜨린 하늘이 열 개도 넘을 무렵

 서로의 머리카락을 잘라 긴 줄을 만들었어
 뒤로 돌아서 한 번, 마주 보고 한 번 땅을 짚은 꼬리뼈

가 가족들을 빙글빙글 들어 올리고 뒷걸음치듯 날씨가 젖은기침을 시작했어 뜨거운 핏줄에 닿지 못한 땅바닥은 울면서 웅덩이를 팠지

 어둠 속에선 아무도 줄넘기놀이를 하지 않는데 누군가 헛기침처럼 깨어서 끝없이 공터를 돌리고 있었어 줄을 놓진 공터가 전염병처럼 우리를 돌리고 있었어

눈,사람은 잘 받았습니다

보내주신 눈,사람은 잘 있습니다

인간의 높이를 버리고 수없이 승천을 꿈꾸던 그날의 가방이 하나 낡고 휑한 중심은 휘저어도 전날의 몸이 없습니다

기대하다 작아져버린 비망록 그리고 에미 보아라 펼쳐본 이면에서 동그랗게 울고 있는 눈물냄새

다만 넘실거리며 以後가 마중 나옵니다 어느 해 빈집엔 날개 돋친 초록뱀이 똬리를 틀고 부지중의 휘파람에서 일요일의 창문이 쏟아집니다 사적인 것은 극적인 것

십 년째 고쳐 매는 이승의 끈 떨어진 관계를 틈날 때마다 잊어도 내년처럼 또 오실 거죠 세상에 하나뿐인 마음은 힘이 있어서 잠도 안 자고 꽃 중인 자귀나무 한 그루

떠나는 건 당신인데 내가 배웅받는 느낌
철없이 푸른 결핍을 만져보면 안개만 몰려와 저기 주인을 놓친 가방이 있습니다
〈

그날의 날씨와 여기 살지 않는 근조화환을 도로 넣고
나는 가까스로 빈손을 꺼냈습니다, 아버지

2부

밥줄

찬밥과 더운밥 사이에 잘 끼어들었습니다
뒤를 비우고 앞을 내주고 한 번 지면 끝까지 지는 실업
밥이 없는 공휴일의 배식구에 등록했습니다
초면들끼리 악수를 하면 손바닥에 피가 묻어나
방금 손위와 손아래가 사라졌습니다
내게 너무 무거운 얼굴
노려보기에 적당한 나는 생면부지입니다
지하철에서 다른 사람의 생을 올라탈 뻔했습니다
어디든 끝이 있다면 새로운 질병을 몸에 처방하고
그곳에서 나를 허기의 자식이라 불러도 좋습니다
도처에 사람이라는 구석을 슬어놓고
밥 앞에 줄을 세우는
깊숙한 이런 훼손
수저질이 남긴 이번 눈물은
식도처럼 꽝꽝 어둡습니다

이면지

　조금 늦었다 잠시 어디를 다녀왔기 때문이다 혹시 내가 나를 조문하러 갔던 것일까 돌아보면 허허벌판인데 구멍 숭숭한 나는 후회였던 것이다 실루엣이 없는 막후였던 것이다

　뒷모습이라고 다 아련한 건 아니다 다시 살려도 후생엔 퇴로가 없을 것 같다

　필사적으로 빈 그릇이라도 덮으려 했다 일찍 문 닫은 사막에 닿는
　　너 다음의 나, 다음다음의 너
　　살수록 성긴 눈썹을 기억해

　불경한 차례란 어설픈 그림자였던 것이다 다음 페이지가 없는 사족을 바닥으로 떨어뜨린 것이다 귓속의 버스럭거리는 핏기는 사라지는 음악의 소유

　그건 뉘엿뉘엿한 운 나쁜 발가락과 같다 깊은 종이의 감방 감각을 언기까지 촛불은 치료가 불가능하다 그래서 토막 내고 싶었던 것이다 밤은 지나가기 때문에 견딜 만했구나 낮은 또 오기 때문에 참을 만했구나

〈

은은한 남루나 맛없는 눈물들을 탓하지 말자 네가 없었다면 나도 없었다 외면당할 때마다 힘껏 구겨지는 찬란
  그래서 끊임없이 구별되려고 애썼다 하지만 같은 후렴 속에서 나는 여전하다
  이 서열엔 말할 수 없는 재의 근육이 직전에서 딱, 멈춘다 뒤를 향하여 한 장인데 두 장처럼 팔랑거리는

  정면을 비켜서 아아, 울다가 아무거나 되어버렸다
  어쨌든 미루고 미루어 이제 도착했다 도착했으니 바로 너의 뒤에 있다

나는

우스운 일이지
내 단골 가게들은 얼마 못 가 폐업한다 머리핀을 사면 머리를 자르고 책을 버리면 문장이 온다 이것이 한 번도 틀리지 않은 내 미신이다

엄연하게 나를 가르치던 수천 갈래의 희로애락
여기가 나를 낳고 낳았던 퀴퀴한 덤불이다
열 걸음이면 닿는 비정과 다정을 사방연속무늬로 한 몸에 새기고 애증에 찬 시간표가 나를 키웠다
너는 타락처럼 빨리 자라는구나 이것은 더 이상 클 수 없을 만큼 커버린 내 유머다

순해지는 마법의 솥을 걸고 부드러운 음식을 지어먹었다 절망과 좌절이 불어오는 식탁에서 제철 음식이 자라나다니 너는 비애처럼 배만 나왔구나
복종하는 칼의 어두운 면을 날카롭게 갈아 텃밭의 무거운 아침이슬을 베었다
믿음을 믿자 믿음을 믿자
베어도 죽지 않는 죄를 찻물 삼고 내가 모르는 주전자가 잊지 않고 나를 들이켰다

〈

　무사해서 나는 겨우겨우 보통인가

　가로등 아래 토해놓은 지난밤이 지나치게 낭자한 나를 중계한다 양파의 속울음처럼 거침없이 평범한 것들은 왜 낄낄거리고 있는가

　되도록 천천히 될 수 없어도 천천히 일요일의 쿠폰을 종류대로 다 써버린 나는 헛것처럼 앓는 자 왼손으로 준 것을 오른손으로 받으며 멍한 채 누덕누덕하다

　이것은 혼자 묻고 혼자 대답하는 내 반어법이다

블로썸 데이

깜빡 모르는 걸 털어놓을 뻔했어
너무 빨리 대답할 뻔했어

뒤뜰은 휘파람의 땅
벌레 먹은 애인을 데려온 것도 아닌데 살얼음처럼 벌벌 떨고 있다니 뭘 기다리는 거지 짧은 속옷 바람으로 쏘다니는 이파리가 귓속말을 한다는 걸 알아 떠돌이새가 노랗게 싹트는 침묵이 된 것도 지루해
꽃 핀 다음 사뿐하게 사무쳐야 사랑인데 꽃은 뒤뜰처럼 길들여지는 게 아니라지 과열된 별들의 세계는 짜릿해 저녁은 자신이 낳은 어둠을 울게 내버려 두고 장작불빛만 바짝 태우고 있지

그러니까 죽은 잔디만 밟고 오는 것도 새의 눈을 씻겨 주는 것도 내겐 너무 관대한 일이지 푸른빛을 물고 있으면 막돌도 강을 넘어 건너편이 되는데

토슈즈를 신고 휘황하다 발끝을 세우는 키스처럼
남의 마음을 엿듣다가 사과의 모양으로 어머머, 굳어지는 공중전화처럼

왜들 놀라는 걸까

사십 일쯤 졸다가 몇 송이 고백을 피운들 덥석 받아든 뒤태에 마음 끌린들 말할 수 없는 혼자로서 이번엔 정말 이별인 거야
누가 유리창에 그림자를 던지나 봐
눈물이 리넨처럼 터지고 있어

값은

 얼마냐고 물으면 선서하는 손을 올리고 마네킹은 지나가는 나를 꼭 부른다 주말은 평일을 소비하고 평일은 빳빳한 고개를 유혹하고
 누군가 쓰다 남긴 겨울이 쇼윈도에서 내의만으로 포즈를 잡는 동안

 손이 가요 손이 가는
 유행은 처음엔 어색하고 들여다보면 솔깃하고

 천하의 일색을 도모하던 내 안의 여자는 이제 천하가 일색이 아님을 안다 왼손이 하는 일에 줄을 선 오른손이 셀수록 불어나는 가격에 나를 팔아 애인을 사고 연말깜짝세일과 창고대방출은 화장실에서 바뀐 온도를 갈아입을 것이다 턱턱 낮춘 계단 밑 소파에서 주머니의 의중에 손을 넣어보면

 미안해요 괜히 나 때문에

 꿈꿀 수 없는, 꿈꾼들 인색하기만 한 이십 대와 삼십 대 사이

신제품은 명랑하고 퇴폐의 사이즈는 말랑말랑해
주먹눈까지 끼워 파는
값은 높은 값에 취하고 충동은 문을 잃고 쇼핑백만 건졌다

윷은

너, 너, 너
편을 가르면 존칭이 사라진다

정초에 다리를 달달 떨며 너는 지난해를 던지고 나는 퇴도를 던지고
친목의 말은 상대편으로 넘어간 말을 잡아먹는다

낫으로 깎은 도와 물어뜯을 개조차 웃어넘길 걸걸걸ㅋㅋㅋ

윷판 밖으로 떨어지는 건 일진 탓이다 말 등에서 미끄러지는 건 벌점 탓이다
억울할 땐 울었고 진짜 억울할 땐 울지 않았다

금년의 운세는 핑 도는 등에 한꺼번에 올라타는 것
면전에서 한꺼번에 잡아먹히는 것

개나 걸이나 5판 3승 판을 뒤집어도 도 아니면 모가 우리의 가훈

이기다 지는 예의

지다 이기는 범절

손목을 다 맞으면 부러진 성냥개비도 다시 살아난다
누가 그 얼굴에 그 얼굴을 던져 삼동이 밤을 새게 하나

편은 땀을 쥐게 하고 새해는 걸걸걸ㄹㄹㄹ 과음 달리다

말뚝

결국 나의 세계에 못 박혀 기둥이 되어 있었던 것이다 너도 보내버리고 전생에 매인 뿌리처럼 고독하고자 했던 것이다 둘은 서 있고 셋은 사라지는 반경 안에서 나를 박던 손도 놓치고

이놈의 말뚝 그건 순종이야

그림자에 철썩철썩 얻어맞으며 네가 새끼송아지를 데리고 집으로 갈 때 자꾸만 우직해지는 고삐를 아픔 없이 조였다고는 생각 마라 젖이 돌아 슬픔이 슬픔인 것조차 모르고 여기가 앉을 자린가 땅에 반쯤 묻힌 허우대를 들썩여 보면

독하게 살라는 말과 대충 살라는 말은 같은 구덩이의 말이었던 것이다

갑자기 늙어버린 빈들엔 혼자 있을 때를 노리는 거미와 탁발하는 바람의 풍습이 있고 나무나 돌들이 각자의 神을 부르며 반지름을 도는 동안 나는 집으로 돌아가는 이녁들의 뒷모습을 보고 싶었던 것이다

〈
너와 나의
달아나고 당기는 그런 일

  아스라한 중심에는 거칠게 홈이 파이고 우리는 겨우 헤어지면서 미루나무 뒤쪽 새로 생긴 모퉁이에 서로의 고삐를 묶어두었던 것이다 풀밭을 놓지 못하는 나무토막은 저녁 들판의 말뚝일 수밖에 없었던 것이다 달아나고 당기면서

장미 찾아오시는 길

재건축반대 현수막이 장마에 지워지는 쪽문 근처입니다

잔가지를 치려다 서로의 목을 칠까 가시를 안아주는 곳입니다

붉음의 머리맡을 넘어가면 누가 죽는다는데 방금이 작아지면서 철조망을 넘어갔습니다 그런다 해도 장미는 또 장미

잘 놀던 꽃망울이 무더기무더기 감염되면 아무도 심지 않은 눈꺼풀이 초대될 차례입니다

꺾어야 꽃인 걸
붉다고 다 마음이 아닌 걸
무얼까 넝쿨 다음 불어닥치는 이것은

첫 화장을 시작하는 눈시울은 피고 지고 뜨거웠고 일정대로 후줄근했고

자그마한 채소와 하얀 뿌리와 일요일 같은 꽃그늘을 버스 두 대가 나란히 달리는 이쪽과 저쪽

세상을 건드린 건 가시가 먼저였습니다

담장과 담장의 간격이 속은 것처럼 붉다고 말했던가요
욱신거리고 후끈거리느냐고 물었던가요

천박이 없어서 나는 겨우 붉다 하겠습니다

자세만으로 만발하고 숨어 있을 때 반반하다 하겠습니다

절반은 하늘에 절반은 땅에
위독만이 온전한 꽃망울이겠습니다

숨,

 울림의 성부를 울림의 성자를 복도의 맨 끝으로 봉송해
가는 묵도
 작별은 끝나지 않고 한 송이 피고 두 송이 진다

 진혼은 어느 버려진 나라의 길고 긴 잠인가

 그날에, 죽인 사람은 없고 죽음만 누워 있는 그날에
 삼가 고인은 벗어도 벗어도 언 발이었지

 저녁을 만드신 이가 1절과 2절 사이로 몸 벗은 한 사람
을 데려가고 별이 묻힌 언덕도 자꾸만 데려가고

 살아서 조용한 내 고독은 방금 떠난 속수무책에게서
배운 것이다 마음을 다하여 만발하는 생사

 이제와 영원히
 무궁이 다하도록
 적절하고 적절한 노래를 불러라

 흰 부엉이의 시간은 있음에서 없음으로 숨결의 먼 곳은

3절에서 4절로 끼룩끼룩 울며 검은 머리 짐승과 밀접해지고 있다

   너무 짧았던 창문들
   그지없이 순한 눈송이들

   눈꽃이 피는 쪽으로 한 번
   지는 쪽으로 두 번 통증이 온다

   박수도 야유도 없이

   어제 본 사람을 오늘 못 보듯이
   어제 본 사람을 오늘 또 못 보듯이

치약, 이팝꽃 환한

저 튜브의 좁은 주둥이에 어떻게 이팝꽃 환한 엄마를 넣을 수 있을까

새로 부임한 담임은 달개비 뿌리처럼 하얗게 웃고 닦아도 반짝이지 않는 리본을 달고 우린 구강보건기간을 버텼다 공중보건의 앞에서 덧니를 물고 버텼다

꽃 지는 서쪽처럼 먼저 물러지는 잇몸의 버릇이 박하향 화한 명줄로 덧날 때마다

텅텅 비어 가는 엄마는 어떻게 저 튜브의 좁은 주둥이에 손을 넣었을까 거품에서 거품으로 목이 잘리고도 꿈틀거리는 소멸은 은박지에 다시 써 내려가며 버텼다

하루 세 번씩 쥐어짜야 하는 불화를
좁고 시커먼 가계를
닦으면 반짝일까 한 입 넉넉히 버텼다

가난한 뚝심 그 질긴 이념을 배반하고 맛없는 최면과 우리 안에 있던 세상의 쾌락들을 어금니 몇 개로 버텼다

〈
두근두근 빛나는 몰락은 생에 빠짐없이 출몰하는 것

마침내 입술 없는 잇몸이 뿔처럼 돋았는데
저 튜브의 조그만 주둥이에서 엄마는 어떻게 이팝꽃 환한 의치를 꺼낼 수 있었을까

분만기

죽고 싶어서 살고
살고 싶어서 까무룩 해지고

나는 열 달 부지한 꽃이었다 산 너머에서 몰려온 한기였다

젖내 자욱한 만삭을 쓸어안고 그 여름의 母系는 몰래 애를 쏟아도
바람의 얼굴로 전장을 떠돌며 매일 밤 지아비는 소식 없이 죽고

광목치마 아래 내가 살면 아비가 죽을까
어두운 산도에서 내가 못 죽어도 아비가 살까

기저귀 한 감 없는 계절을 마중 없이 걷고
걷다가 검어진

내가 내 발등을 잊을 수 있을까

흰 유골함을 문 앞에 두고 난산한 산후는 활활 타는 피난지를 맨발로 건너다녔다

전쟁의 얼굴을 처음 본 울음을
돌고 돌아 아기집에 이른 나는 칭얼대는 종아리를 쳐서
응석 없는
이 세계를 살며, 살아내며, 살아도 되었는지

생애의 절기마다 검붉은 시샘을 거스르며
젖이 돌지 않는 나무처럼 무릎 꺾이던 나의 원년

눈사람 1

 너보다 더 너처럼 내가 녹아내릴 때 발칙하지 않은 고독은 없었다
 빌린 마음에 이미 와 있는 몽상엔 왜 증인이 필요한가
 성탄송과 날카로운 엽서와 빨간 털목도리만 썰매에 남고

 가여운, 가여워서 죽을 것 같다는 거짓말이 환도뼈를 거쳐 발목까지 허물어질 때마다 눈은 틀림없이 기억해야 할 스무 살처럼 내렸고 다른 이름을 부르듯 내렸고
 네가 없으면 겨울은 금방 지나갈 텐데

 사랑이 오래 지속되는 것은 뜨겁지 않기 때문이다 자백하는 생에 세련된 나는 없었다
 치욕의 허락을 구한 적도 없이 내게만 틀리고 모두에게 골고루 동일한 눈발

 다 식은 장갑의 목이 서로를 노려보고 온수 매트의 빨간불이 깜빡이는 동안
 동안이 영도零度 이하의 마을을 지나가고
 〈

한때 서 있기만 해도 아름다웠던 견고한 혼자와
혼자서도 충분히 영혼인 너는 나의 생이기도 했으니까

그쪽 세상에서 모르고 가져온 우리 사랑은 神처럼 정년이 없어야 했다
어린 죄 하나를 데려다 차가운 바닥에서 길러낸 극지는 얼마쯤의 퇴폐로 번졌고
폭설을 쾌락했다

나는 그랬다 그리고 너는 다시 환하고 발랄했다

눈사람 2

 그러니까 나는 거절할 수 없어 한 그루 눈사람을 찾아다니지
 새들은 우울하고 도처에서 알을 떨어뜨려 아무 일 없는 듯이 저녁은 왔다가지

 겨울잠을 탁본하다가 새라는 말에 깨어난 동공이 말라붙는 것을 어쩌지 못하고
 조카의 맑은 눈도 엄숙해지겠지 아름다운 척추에 스미지 못한 꿈은 왜 명이 짧은가

 침묵의 신전을 돌아다니는 눈송이
 그가 밤의 사제였다는 소문을 굴려서 둥그런 무덤이 될 때까지
 사산아를 낳을 때까지

 사랑해선 안 될 체온은 밖으로 충만하다 껴안으면 물이 되는 탄식으로 뜨거운 발을 후후 불어

 즐거운 고립이 되도록
 〈

그래서 새들은 망가지고 그러니까 나는 샛길에서 슬픔의 기쁜 구조를 만들지 햇살 한 줌에 눈썹 한 개씩 탁발하며 한 결을 내어주는 그가 내가 찾던 사람이지

더운 군불 지피는 섣달 어스름을 문 앞에 내려놓고 드문드문해지다가 멈춘

없었던 사람

3부

블러드 문

 굽이굽이 흘러온 불빛이 한 사람의 뼛속을 세공하는 저녁 하나가 물컹 다가올 때 나는 한 수저 남은 밥처럼 마땅히 둘 데 없는 마음입니다 그러므로 머리어깨무릎발이 간단해지고 잘 여민 얼굴이 밀폐되면 그런 나를 쓸쓸하게 다룰 줄 아는 슬픔은 쉬워 보일 수 있습니다 그래서 인간을 누덕누덕 기우는 언어가 두근거림도 없이 무심세 많은 별들을 낳았던 것입니다 주름살을 이마 위에 가만히 올려놓고 마음껏 흙에 이끌리는 발끝은 어디로 향합니까 식은 골목과 나날의 어깻죽지는 나 없다 나 없다 우는 새의 몫입니다 타박상처럼 붉게 번지는 뿔피리 옆구리를 아름답게 다듬고도 곁이 될 수 없다면 당신 없는 공원을 매일 다녀가듯 헛기침이라도 살려두게요 무승부는 모자를 집어 들고 퇴장할 테니까 추억, 추운 귓바퀴가 생길 것입니다

자화상

눈물이 없었다면 슬픔은 자해를 했을 것입니다
눈물이 투명하지 않았다면 슬픔은 출구를 찾지 못했을 것입니다
오기도 전에 헤어진 사랑을 그려본 적 있습니까
헤어진 적 없이 끝난 이별을 전시한 적 있습니까

개인의 개인에 의해 소장된 초상

자꾸 목이 길어지는 벌을 받고 있습니다 마주칠 때마다 뜨끔거리는 액자의 버릇
그림 한 장으로 모나리자의 고독을 소환하고
그림 한 장으로 기쁜 슬픔과 슬픈 기쁨을 판단해버리는 나의 파란 모자인 파란波瀾이 지상의 마지막 저녁을 붓질할 때

입을 막고 침묵 앞을 지나서 빈 무덤 같은 옆방을 인솔해가겠습니다 나를 잊고 퇴근한 저녁을 출구라 부르기는 쉽지 않습니다 번지고 문드러진 스케치 내일은 또 내일의 태양이 질 테니 금방 어두워지는 까마귀를 보겠습니다
〈

흐르기 전에 닦을 수 없는 눈물은 흘러내리는 친절입니다

중얼거리는 액체들

물이 물속을 들여다본다
내 집은 뜨거운 숨결의 강가
눈물 한 방울이 부족해서 넘치지 않는 이 한 줄기 아름다운 구조는 어머니인, 가장 어머니인 손처럼 축축하다

무엇을 바라고 왜가리 한 마리 반대편에서 건너온 강물을 마시고 간다 우리가 함께 중얼거렸던 것은 물고기의 모국어였는지 몰라 물의 사슬엔 일파만파의 시비가 없고
강을 건너면 좋은 일이 있을 거라고 찬비에 잔등을 내준 너는 자전거를 끌고 다리를 건너갔다 책망받는 밤이 자꾸 와서

손톱처럼 조용하게 탁류처럼 부족하게
세상의 물들은 조용히 엎질러질 뿐이다

그 파문의 어지럼증을 노 저어가면 사람의 깊은 곳엔 옹달샘이 있다 했다 앞을 씻으면 뒤가 다시 젖는 삶은 흐르다를 따라가 흔히 강이 되었다 하고 내 오두막으로 물에서 건진 강을 들고 오는 흐름이란 익사하지 않기 위해 얼마나 멀리 헤엄쳐가는가

〈

　별이 몇 개 부족한 하늘로 폭죽을 쏘아 올린다 모랫벌에선 아픔까지도 배웅할 수 있을 것 같아 사람의 눈물만 모아도 길고

　물 위를 걸어오는 악천후 그 파탄의 즐거움을 철썩이면 물 샐 틈 없이 우리 가득하다 남김없이 우렁차다

오고 또 오는

우주의 질량은 변함이 없다니 먼지의 총량을 쓰윽 닦아내는 무릎의 수고도 변함이 없을 것이다
그러나 울음도 가만 두면 썩을 것인가
번번이 옳은 청소도구와 올바른 물걸레가 첫눈 같은 얼굴로 쓸어내는 오고 또 오는 불화의 장르들
내 지옥도 조금씩 버리면 덜 아팠을지 몰라

수박은 씨를 아무 데나 뱉는다
어디서든 불어닥치는 생이 앞치마를 벗어 터는 곤한 저녁에 안주인이란 식후에 창문을 넓게 열고 새 수건을 갈아주는 사람
물로서 물을 씻어 먹는 결벽증은 밖을 묻히고 오는 강아지를 하얗게 빨아 널 텐데

시계가 시간을 떨어뜨린 곳
싸리꽃 흰 빛 다투던 곳
헛되고 헛되니

나는 발작적인 결백에 전염되었는지도 모르는 일
어디서 와서 어디로 가든 홀홀 사라진 다음이란

마음껏 닦아 세운들 꽃바람일 리 없고
오색 찬란에도 손때 반질거리는 내성이 생길 테니

말라붙은 곤충과 곰팡이와 파랗게 언 잉크 등등이 온
도와 습도와 한 몸 잘 어울려 바야흐로
지금은 세계의 모든 빛들에게 마른행주질을 할 때

옥상에 다녀올 때마다

사랑이 온 적 없어 거절하지 못했네
이별이 온 적 없어 헤어지지 못했네

동동 구르는 발목을 꼭 쥐고 살자고, 살아보자고, 난간은 말리고 싶었지

붉은 고무통이 내 스무 살처럼 엎어져 있고
구석구석 방수처리를 해도 눈물은 새어 나와 눈에 띄지 않게 천천히 내려가자 했지

파란 초원 앞에 서 있는 기분으로 살 수는 없을까 미안을 널어 말리고 벗겨지는 페인트가 본색을 드러낼 때 나는 독학으로 슬픔을 익혔지

어두운 옷가지를 떨어뜨리는 빨랫줄이 온전한 옷 한 벌 없는 것처럼 나는 왜 거기 있는지 모르는 제라늄화분
동서남북은 왼쪽 뺨을 마구 때리다가 오른쪽 구석에 가서 울기도 하였네

나는 누구를 웃기려고 울면서 세상에 온 것일까

누구를 울리려고 웃기기만 하는 여기에 온 것일까

끔찍하게 사랑하고 끔찍하게 버림받고
내려갈 길을 잃은 옥상은 지금 우는 사람 몰래 혼자 있네

내 슬픔에 수저를 얹고

끼니때마다 호명되는 냄비가 덜컹덜컹 우는 것은 맞지 않는 뚜껑 때문인데
간처럼 졸아붙는 삼중바닥이 되지 못한 까닭인데 이를테면

한술 밥에 배부르다는 착각이
한술 밥에 배불리려는 억지가 시궁쥐에게 갉아 먹히는 것인데

잊을 만하면 입속의 차가운 말들을 불태우고
그때 내 슬픔에 수저를 얹고 밥 먹어둔다는 말은 얼마나 고픈 말이었나

숙식제공과 월수입 보장의 한복판에서 몇 개의 뺨을 적시느라 다 써버린 눈물이 배불러오는 공복을 허겁지겁 퍼먹던 그때 밥이 밥을 굶기던 그때

꺼질 듯 말 듯한 신화 그것이 연민을 불살라먹던 불씨라는 걸
탈 듯 말 듯한 연민 그것이 불씨를 익혀먹던 신화라는 걸

〈

아름다운 불구경을 건너면 뿌리내린 공복에게 젖 물리는 안부조차 누군가에게 먹히는 밥이어서 쉽게 식는 수저에 들러붙는 파리 떼

조롱은 뒷모습으로 웃고

약이 바짝 오른 끼니 하나가 밥 얻어먹는 사람을 시커멓게 바라보던 그때

조금씩 자주 도란도란

 누군가 창문을 들고 오듯 누군가 들고 온 새를 날리듯
 자라지 않는 익사체의 빨래를 널 때 진동하는 생은 양
팔간격으로는 부족하다 탁탁 털어 빈손이거나 탁탁 털린
체면이거나 모두는 알고 나만 몰라 비틀어지고 싶을 때
조금씩 자주 탈색되는 옷가지들

 품속에 기른 분홍까지 뒤집어도 살냄새의 질감은 지붕
과 지붕 사이를 다 펄럭이지 못한다 젖은 발목을 빼내려
고 애쓰는 양말은 양말끼리 축 늘어진 오전과 오후를 쭉
쭉 짜내는 속옷은 속옷끼리 앞날의 족보를 나부낄 기세인
데
 구름 조각에서 뚝뚝 떨어지는 깨끗이 세탁한 낯선 딸과
조숙한 아들
 배다른 슬픔과 함께 밥을 먹지 반쯤 건조된 천 조각이
라도 도란도란 쪼아 먹고

 아빠처럼 글씨를 쓰고 싶은
 엄마처럼 아프고 싶은
 아웅다웅들
 〈

마를수록 뻣뻣한 청바지를 쟁쟁한 햇빛 아래 두면 단물이 든다는 걸 몸보다 크게 입으며 알게 되지

 누군가 물 마른 창문을 닫아버리듯 누군가 들고 온 새는 죽은 새였다는 듯 가끔 슬프고 대체로 담담해 해가 떠도 흐리기만 한 여기 어쩌다, 함께
 우리는 또다시 맑은 물 한 동이의 청결한 영혼

여든여덟 개의 중상이 된 피아노

즐겁고 슬픈 밤
그러니까 기립박수조차 성문 앞 우물 곁으로 찾아온다
어디에 둘지 모르는 손이 벽난로 앞에서 밤을 뜨개질하는 동안
더러운 술집 문을 여든여덟 번 더듬다 오는 눈보라
자정이 검은 새를 풀어놓을 때
우리와 함께 영원히 이별 안에서 영원히

새처럼 앞만 보는 기나긴 無名에게 갚지 못할 무엇으로도
나는 청한 적이 없다
지극한 악보를 지어 먹이던 눈먼 연인을 위해
쉼표에서 천천히 일어나는 악기들
쏟아져 내리는 은사시나무 이파리들
청색나비에게 목청이 있었다면 음악은 달라졌을 것이다

열광은 월광을 향해 미완성은 완성을 향해
긴 어둠을 시작한다
반성 없이 연애의 감정을 밀 때 마침 무대에서 떨어진
삶을 급히 주워드는 무대공포증
〈

더 추운 사랑이 올 것이다

어두운 비탈에 혼자 있는 나쁜 버릇이 나무들을 쓰러뜨린다

희고 검은 눈보라가 지혈된다

방금 고독이 나니간 목로에 음악이 실수처럼 앉아 있다

분실 이후

새로 산 귀고리 한 짝이 사라졌다
귀는 두 개 귀고리는 하나

난 네가 그립고
넌 내가 그립고

입술이 사라지면 입맞춤이 남는다
붉은 뺨이 사라진 후 숨은 뜻이 꽃말만 뒤진다
단서는 장롱 뒤에 숨고 오리무중은 서랍 속에서 지나간 일을 사과하지

왜라고 물으면 돌로 눌러놓은 눈사람이 봄에 사라진 인형을
겨울의 벽장에서 안고 나온다
하나는 절절 새고 두 개는 늦된 일
짝짝이가 된 양말은 주인을 몰라보고
갈라진 손금이 어긋난 손뼉을 찾아다닌다

손이 손을 놓는 이별에게 음료수를 쥐어주고 우린 따로 떠난 악수 같아

〈
애초에 눈만 내놓고 숨어 있던
나는 나,
너는 너

사라진 슬픔 하나를 두고 눈물 두 줄이 울 때

애인을 분실하면 새 애인이 도둑같이 온다
첫사랑이 가면 그다음 사랑이 막대사탕을 물고 온다

곳,곳 가을

 감나무는 감을 낳고 어미나무가 되었다 낙엽이 나무를 비울 때 시월은 더 시월인 것 가을 외에는 아무도 살지 않도록 입구를 단단히 여며두고 할 수 있는 일이라곤 길고 얇은 스웨터를 꺼내 입는 일

 어제 운 너는 오늘 또 울게 된다고 나무가 하는 말을 들었다 하지만 나무여 나는 당신의 사람이 되지 못해 귀 막고 흘러가는 바람 혹은 각자의 얼굴을 먼 곳처럼 들고 있는 뼈아픈 부의賻儀

 가을 상가喪家 문턱 너머 어린 상주는 삶에서 죽음을 뺀 어깨 넓이를 받쳐 들고 피곤하구나 근처엔 큰 산이 있어서 그림자가 산 것들의 낮은 목소리에 우렁우렁 겹쳐진다 일찍이 하산한 땅에는 한 사람분의 공터가 새처럼 부족한 속내를 푸닥거리하고

 곳에서 곳으로
 누운 한 사람이 가는 길
 새가 깃들어오는 것을 막을 수 없는데 소녀라는 말이 들어간 문장 속에서 저녁을 짖어대는 개조차 없다면 얼마나 깊은가 이 방은,

불현듯과 거침없이 사이에서 얼마나 작은가, 나는
사랑은 다 배우지 못한 질병인데

휘익 저물어
누가 부를 때마다 고개 숙이는 일이 많아진다 그냥 살자 쉽게들 말하지만 쉽게 달래지는 건 아무것도 없다 빨리 집에 가서 반쪽인 것들과 잠들고 싶다

너라는 권능

 강에선 처음 익은 살구 냄새가 났다 소용돌이로 다가오는 네가 나에게 잘해주려고 할 때마다 그리고 내가 최선을 다해 상처받을 때마다 나는 샀던 책을 또 사고

 다시는 눈물이라고 하지 못할 미흡함이 놓친 것을 또 놓치고 나를 용서하고 말았을 때 너를 태운 버스는 오 분 전에 떠나고

 벽력 같은 오 분의 발견, 발견이 아무 말도 안 했지만 모든 말을 다한 것처럼 묵묵히 등만 보이는 터미널에선 너 없는 열한 시가 잘 보여 아홉 시도 잘 보여

 노란 바탕에 검은 글씨를 또박또박 읽어 내리는 공중화장실에서 전화 주세요 더 많은 실패를 제공해드립니다 누명처럼 기울어진 문짝을 떨림만으로 꼭 여미고 이 글을 읽는 즉시 지워주십시오 세면대의 물을 내릴 때도 잊지 않고 살구 냄새가 났다 내 슬픔이 눈물 가지곤 부족하다고
 기다린 것들은 더 기다려도 오지 않는 이런 게 우리라는 거지
 〈

너라는 권능을 잃은 건 아마도 오 분 전
살구냄새가 권리처럼 오고 있었다

동물원

 이런 날이, 파랗게 시간 맞춰 날고기를 받아먹는 이런 범상한 날이, 오는구나 와서 메마른 간격이 되는구나
 잃어버린 사바나 불구의 밤
 사육과 애완이 한 우리의 일임을 눈치챈 나무들이 질서정연하게 자란다

 높고 아름다운 송곳니를 무럭무럭 녹여먹는 독수공방은 쫓고 쫓기는 정글로 다시 건축될 수 있을까
 소원이 되어서 빌었으니 바오밥나무의 근육은 재활될 수 있을까
 푹신해서 슬픈 뒷굽은 고요하고 고요는 상처 하나 없이 기어이 안락하다

 발톱 하나씩 빠질 때마다 감기약을 복용하고 맹수라는 소문에 육중한 자물쇠가 걸릴 때
 생각은 거추장스럽고 외로움은 영험한 동물

 어디선가 잠복 중이던 북소리가 가까워진다 사육사는 청동의 접시에 간식을 받쳐 들고 올 것이다 그것이 낯 뜨거운 경고문이거나 바나나처럼 길게 벗겨지는 굴종이라

해도 상관없다 따뜻한 겨울과 칸막이의 평방미터에 동의하게 될 시간도 놀이기구를 타고 올 것이므로

  날마다 별일이 없는 꽃사태와 눈보라로 울을 치고 돌이킬 수 없는 앞발로 긁어대는 쇠창살
  촘촘한 그 낌새에 가담하는
  너는 나의 애완, 나는 너의 애완

어느 날 벼랑이

우리가 서로 바라보기만 하다가 외지고 혹독해진다면 저 높이는 흉측한 돌일 뿐이지 거기서
우리 중 한 사람이 몹시 울어야 한다면 천 길 깊이는 나쁜 신념일 뿐이지

제발 희생을 실천해주세요
아찔함을 뛰어내려주세요

불처럼 단단한 눈물이 되어볼 걸
해뜨기 전에 길을 나선 內傷이 피운 우리는 문득
몰매처럼 서러운 불안의 아들딸

그러므로 그래서는 안 되는 이번 생의 경사는 낡은 슬리퍼처럼 헐떡이지
우리를 보다가 우리만 보다가 아무 데나 침을 뱉는 잠깐의 미망이
닿지 않음으로 가장 아름다운
꽃, 꽃을 지켜보는 난폭

여긴 뜨겁고 좁은 맹지가 될까

⟨
우리 몰래 갈라 터진 몸을 실천해주세요
헛꽃의 걸음이 더딘들 멈추지 말아 주세요 아래로 아래로 자라는 우린 방자한 기백인 걸요

아슬하고 비범한

4부

Before and After

누가 누구인지 설명할 수 없어 눈 코 입 공동 관리합니다
볼 낯이 없어 바로잡습니다
낯이 서질 않아 수정합니다

뺨으로 가득한 수건을 넢어쓴
바람과 바람의 처녀들

솜털까지 올바로 세우고
입꼬리를 좌표 이동합니다
얼굴 없는 천사의 광대뼈를 부착했습니다

머리 푸른 뱀이 속눈썹으로 잠입했습니다
콧날이 인간적 인간을 넘어섰으므로

비탈진 신전에서 다른 이의 얼굴을 잘못 받쳐 들고
거울이 번식하고 있습니다

오후로 가득한

숨이 멎은 보일러를 고치고

더운물이 콸콸 쏟아지는 샤워를 하였다 오가는 모든 날이 기념일인 것처럼 커튼 사이 나무가 충동적으로 서 있었다 물이 빠지지 않는 발목은 조아릴 일이 많아 닦아 세운 내 안에 時도 없고 詩도 없고 메시지가 일곱 개 떠 있었다

꿈에 항아리가 깨지면 친한 친구가 죽는대

긴 투병을 마친 후배의 부고가 도착하고 노모는 일인 실에서 육인실로 옮겼다

벗어놓은 먹구름을 뭉쳐 세탁기에 넣고 찬물에서 얼굴을 건졌다 자고 나면 반감으로 뭉쳐질 머리채와 검은 옷을 내일의 차림표에 적어 넣었다

모니터에선 가려움이 가여운,으로 옮겨가고

지고 또 지는 것들과 외마디인 것들로 위험한 첫 문장을 시작했으나 무엇이 되고 남은 심금은 외롭게 기른 콩나물만 건져먹었다 오늘은 오늘을 정성껏 돌보면서 각성에 닿고 성한 저녁이 오는 게 두려웠다 손을 넣을 수 없이 차가운 촛불을 발견하였다

껌

 아무리 씹어도 험담은 껌이 되지 못하고 그 여름 내내 완강한 턱뼈가 말랑말랑한 나를 씹었다 껌팔이 하는 서울내기와 그 애 엄마가 양공주라는 허무맹랑이 어금니에 쩍쩍 눌어붙었다 간이든 쓸개든 붙고 봐야 한다 헝클어진 뒤통수나 신발 바닥에라도 아금빅스레 붙어야 살아남는다 풍선껌처럼 터지는 거짓말과 무성생식엔 이념이 없었다 미끌거리는 소문을 앉은뱅이책상이나 쥐오줌 얼룩덜룩한 바람벽에 붙여두면 열두 공굴 철교 아래 벗어부친 내 애인들의 변성기에서 단물이 빠지고 있었다

 누렇게 넘어진 밀밭엔 갓 낳은 아이가 버려져 있다 했고 저물면 홀아비 문둥이가 동냥젖을 얻으러 온다 했다

 무미건조한 젖가슴이 몽우리질 무렵 껌딱지가 말라붙은 머리카락을 베어 베개를 삼았다 지극한 가윗날이 성장판을 자르자 설익은 밀이삭의 날들이 집요하게 감수성을 씹었다 입이 생긴 추문의 뒤끝을 터무니없이 빛나는 은빛 수의에 옮겨 담고 예를 갖추었다 눈물이 어금니처럼 고분고분하지 않다는 걸 알게 된 건 오랜 시간이 흐른 후였다

작위적이라는 방이 있었다

문을 두드린다
응답하지 않는다
안에서 밖을 잠근다

견디는 방식이 문제다

문을 연다
텅 빈 방이 방을 업고 나간다

못 견디는 방식이 문제다

독실한 내일에 월세를 지불하지 않았으므로
뺨을 지나 옷깃을 지나
한없이 빈곤한 고양이가 트럭 밑에서
비에 젖은 바닥을 꺼내온다

고양이도 생활고를 알까

  모과를 떨어뜨린 나무와 아이를 놓친 창문과 종일 식탁보처럼 흘러내려서

백수인 거야
바닥을 다 울고 나면 울음은 또 어떤 바닥을 쳐야 하나

내일이라는 방을 예약하지 않고 갑자기 알게 된 슬픔 앞에 빈방만 놓고 돌아섰다
나도 내 젊음에 폐업 쪽지를 붙이고 싶을 때가 있었으므로
그 쪽지가 너풀거리는 곳에
흰 꽃 한 송이 두고 싶을 때가 있었으므로

내가 민들레를 울렸을까

올봄엔 노랑에 든 도둑이나 되어야겠다
손을 들어도 새 울음 따위가 그냥 지나가는 춘분의 변두리 존댓말로 입술을 핥는 아득함 속에서 내가 당신을 울렸을까 모아놓은 느낌표를 잠시의 사소함에 줘버리고

작년만큼 웃었는지 당신 없는 웃음을 접어 날렸는지
봄은 아무에게나 오지만 아무나 아픈 봄은 아닌 걸

세상이 쪼그려 앉아야 잘 보일 때 봄은 옳았고 앉은키로 다가가는 당신에겐 다 커버린 상처를 지지하는 혼자만의 처세술이 옳았다
장수하는 국화과의 아픔이
낳았으나 기르지 못한 未滿의 슬픔을 가만히 끊고자
무딘 노랑을 민들레로 보았던 것이다

냉이나 달래 앞에 허리를 굽힐 때 담벼락 아래 옆으로 옆으로 번성하며 꼭 하루 부족했구나 우리 사이
들판처럼 멀리 나가는 난색難色은 어린잎과 늙은 잎에서 제각기 각별하다 말을 잊은 관계에서 말을 잇는 관계로 행여 묽은 손이 어린싹을 더듬는다면 키 작은 덤불 사이

로 당신이 오는 그런 날도 있을 것이므로
  곰곰 생각하면 고만고만한 봄날
  쓰라린 꽃에 나비 날아드는 꿈이 내 사는 일의 사치라 하겠다

말하자면 계단은

말하자면 담장 너머 골목인 것이다
풀 한 포기 못 키운 층계참이 구비구비 꽃 피지 않는 화분이라도 들여다보는 것이다 바람 대신 전단지라도 펄럭이면서 귀먹은 자전거가 기어이 구석을 만들고 발돋움으로 먼 곳을 보여주고 싶었던 바닥은 택배 물건을 쌓아 놓는 것이다

반음씩 늘리며 나는 올라가서 저 높은 곳을 증명해야 한다 올라간 후엔 반드시 내려와야 하는 거라고 누누이 타이르던 엘리베이터가 고장 날 때 배달부는 쑥쑥 자라는 계단을 배달한다 누가 울다 가고 누가 이불을 털다 가는지 건조한 바람의 안쪽엔 기억만 엿듣는 귀가 있다

우리의 어깨가 나란하지 않다는 것 때문에 상하층이 생겼다는 걸 담뱃불에 속을 태우는 중년은 알게 될까

말하자면 구조적 슬픔이 층계참을 만들고
빈 짜장면 그릇을 실시간으로 사라지게 한 것이다 나무 대문이 있는 골목이라도 상상하고 싶어서 사람 같은 강아지는 수술한 성대로 짖고 이웃과 나의 사생활엔 흙

한 점의 증거도 남지 않는다

  나는 반음씩 접으며 타박타박 내려가고 층층나무 이파리 사이로 물통을 든 비정규직 청소부는 올라온다 비상구를 16층까지 끌어올리며 앙상한 기브외 대를 이어갈 것처럼

그때 그 새들은 어디로 갔을까

 나무 한 그루 사라지면 오십 평 그늘이 사라진다 나뭇가지와 새의 우호적 관계가 사라진다 빗방울의 거처와 그 아래 삼삼오오와 새를 가리키던 아이의 손가락이 함께 바라볼 추억 속으로 사라진다
 나무는 본 대로 자라고 새는 들은 대로 노래하고

 건기에, 산불 번지고 사소한 불쏘시개의 사적인 감정이 골골마다 퍼졌다
 손금을 따라 그을린 새들이 마을로 내려왔다 저들에게도 눈 내리는 종교와 일렬이 있었다 불러도 뒤돌아보지 않는 집중이 있었다 아무 데나 검댕을 쏟아놓는 난민들

 부리에서 꼬리까지 핑 도는 동선을 다듬는 건 깃털의 사상이다
 새를 외운 방죽의 왕버들이며 느티들 푸른 잎을 몇 장씩 더 내고 울음 몇 泊을 품어주었다

 날갯짓의 근본은 어떻게 고소공포증에서 내려온 것일까
 나무가 없었다면 땅은 새들로 붐볐을 것이다 쪼개도 높이밖에 없는 숙명 속으로 수많은 비상飛翔을 떨어뜨리는

저들에게도 죽은 형과 산 자매가 있어 검은 머리를 내주고 나는 편도선 붓는 날이 많아졌다

 기침으로 인후염으로 성대를 잃은 그것이 새였는데 새는 절반이 비닝이었는데 노래를 부르려다 울컥울컥 번지던 그것은 어쩌면 나였을까

 잔불이 다시 일고 더 이상 새를 불러올 수 없는 날들이 계속되었다 존재의 나뭇가지에 앉아 피똥을 싸는 새끼 잃은 어미새와 어미 잃은 새의 이마를 숲이 짧게 지나갔다

언니, 언니들

점점 깊어지는 볼우물 아래 풀꽃 목걸이가 뜨거운 가슴 앞을 지키고 있어요
불현듯 사치스런 바람이 바람으로 끝나지 않게 꽃이 꽃으로 끝나지 않게 꿈속 언니를 설명하려고 하면 그물 스타킹이 흘러내려요

어젠 미워하면서 언니를 낳았고 오늘은 꽃을 사서 위로하고 모든 요일의 욕설을 잊는 내게 언니는 매일의 느낌표
화들짝 놀라는 살빛이죠

만나지 않아서 아름다운 언니는 먼 도시의 이름 같은 존칭
서서히 침몰하는 **뺨**을 이역처럼 멀리 두고 대화 없이 피는 흰 얼굴

일어나 일어나

백 년 몰아치는 단잠의 깊은 속을 빙빙 떠도는 어린 발자국을 다시 보면 다시 본다는 말이 즐겨 입던 잠옷을 유혹하고 유혹은 간절해질 수 있어 언니를 가만두지 않을지

도 몰라요

 눈동자 없는 안경과 비 오는 달밤 같은 언니의 소지품을 외워두면 다음 생에서 알아볼 수 있을까요 서른 번씩 서른 번
 본 적도 없는 걸 믿을 때 언니는 온댔어요

 그릇된 장신구처럼 그물 스타킹에 안개를 건지고 있는 타버린, 끝나지 않는 별 언니라는 소문은

쥐눈이콩 서사敍事

　목까지 채운 단추를 풀었다 뒤태 순한 쥐눈이콩도 염천엔 하나를 건드리면 떼거리로 몰려나온다 싱크대 아래든 깊숙한 심장 아래든 제 몸에 딱 맞는 구멍에서 권력처럼 어두워질 수밖에 없어 지긋한 눈빛이 누구를 기웃거려도 된다는 듯 작두콩도 서리태도 아닌 귀천이 앉은 곳 깊어져 콩알이라도 심었던 것

　콩자반도 장맛도 아닌 눈두덩 시퍼런 콩깍지를 뒤집어쓰는 것은 덜되고 늦된 탓이다 깜냥에 간지럼 타는 품새로는 필시 꼬물거리는 벌레 짓이겠으나 빤질거리는 눈만 살아남으면 쥐눈이 될 것이고 비 오는 날 푹 물러지면 까먹는 재미가 쏠쏠할 것이다

　어여쁘게 죽은 듯 잘 씻어 말린 식물성이 눈치껏 약콩이라도 된다면 한 꼬투리의 죄책감만 앗, 하고 몸을 날려 겉도는 콩꽃이라도 밥에 올리는 것이다

삼키다

이파리의 가장자리부터 베어 먹는 것이 바람의 습성이다
고의적인 낭만에 침이 고이는 건 이파리의 습성이다

햇빛이 맥도널드 창가의 화분을 케첩처럼 녹여먹는 것은 창문이 반짝거림을 음독하는 것과 같다
한 사람도 이겨본 적 없다는 생각이 짧은 점심시간의 맨 끝에 줄을 세우고 광을 내다 망가진 구두가 구두코를 앞지르려고 애쓰는 것은
애쓴다는 말의 무한한 눈시울이 메뉴에 말라붙은 誤字를 결단코 쪼아 먹기 때문이다
조금 먹고 종일 우는 새처럼 조금씩 살고 조금씩 헤어지는 다만 그뿐인 내가
괜찮다고 하면 안 괜찮아지는 가슴을 누르고 햄버거 포장지를 벗기려고 애쓸 때, 애써도 되지 않을 때

마스카라가 우적우적을 삼킨다
흐르는 침이 전전긍긍을 삼킨다

드라이플라워

이 반복은 꽃이다
뭉클함의 무게 그 한 번의 무거운 잠이 화창이다
엄한 몸피의 기슭 거기 혼자 있지 마라

죽음이 꽂혀 있는 꽃병에 닥치는 눈물이란 한 가지 언어에 기생하는 참을 수 없는 눈빛
  그 눈빛이 전부라서 백열등을 켜들었다

  멀어서 푸른 빈틈을 버릴 것
  난파된 이름이 될 것

  쉬지 않고 흩어지는 교차로와 죽었다가 다시 살아오는 사방을 다 걸어본 후에도 여전하고 여전하다면

  모든 계절에서 파문당한 이 마음이 선물이다

내 자세도 땅에 묻히면 답이 없다, 사람아

타 죽기 위해 뜨거운 리듬을 따라가는 희고 매운 중독
내가 당신의 당신일 때 변방은 어쩜 꽃향기 같은 거란다

〈
어떻게든 치명,이라고 해두자
단 한 사람을 위한 의태어,라고 해두자

오류의 도서관

세계는 부드러운 오류투성이고 클래식한 생은 누구라도 물려받아야 한다는 그 말은 옳았습니다

다음 생의 서문 같은 이 조그마한 오후
모든 책을 다 읽어버린 고요한 나무들의 숲

무명의 나는 다음 장으로 넘어갈 때 반드시 뒤꿈치를 들어야 합니다
인식의 도끼날이 파르스름하게 스며 나오는 당신은 젊었고 젊어서 죽은 당신과는 고딕체로 마주 앉아 경건하므로 잘 찢어지는 장면엔 침을 묻혀야 합니다 나의 픽션 속에서 다시 시작되는 고양이들 책 밖으로 외출할 때는 모서리를 접고 영원과 우애합니다

후끈한 난독을 위해 밀착하는 의자에서 날마다 다른 당신을 탐독하는 나의 번역엔 필경 반역이 수십 년 겉만 핥아온 표지처럼 뻔뻔하고 뻣뻣해

첫 장을 넘겼을 뿐인데 밑줄을 다 사용하고 말았습니다 뒤꿈치 둥근 비를 대출할 수 있을 때 그리운 곳이 먼저 난해해지겠습니다 종이의 독재 그 깊은 질감에 엎드려 졸다가 놓쳐버린 당신 여러 번 읽고도 아프게 읽지 못했으니 문맹입니다

시간이 그를 아가라고 부를 때
― 화산석

별들의 시체만 어둠 속을 헤매는 먼 미래 그 언젠가를 향해 가는 태양신의
정원석입니다

뜨거운 우주의 청각을 잃고 아침의 미간을 향해 날아가다 멈춘 먹먹한
지극

수수만년 몸을 주는 부모가 되어 뿔 돋은 자식이 되어 이제껏 탄내 나는
돌멩이입니다

한 번 일어서기 위해 지긋이 안을 다스려 밖으로 냉랭한 암중모색

욕창 번지도록 굳은 심지입니다

작은 구멍으로 엿보면 수천 만 년 그 너머부터 멈춘

앉은뱅이였습니다

손톱놀이

  모든 시간을 다한 봉숭아 끝물은
동그랗게 막아서는 이 조금의 자세에서 종일 놀며 무고한 숲 그림자를 자른다 사람 안에서 할퀸 곳을 또 할퀴지 않도록 열 가지 다른 빛깔을 용납하는

  슬픔이 스며들지 않는 신체 저녁의 축축한 손가락마다 움이 돋도록 초승에서 그믐으로 에나멜 구름을 탁본한다 그럼에도 무덤덤한 말단

  언제까지나 공중을 다발 짓는 휘파람이 이제 그만이라고 하면 조금 더 살을 물어뜯는 통속의 끝은 그냥 총총할 뿐 은회색 매니큐어를 탐하며 죄의 윤곽을 벗어나는
  저 소문의 주인은 소멸이다

굿바이 엔젤

 그렇게 하더군 당신은 흐드러진 봄의 페이지에서 사라지더군 당신이 없어도 명령은 종일 꼿꼿한 허리로 집 안을 돌아다니고 아무리 닦아도 유리는 원래 피투성이 출입금지 앞에서 명령은 접시의 무늬만 깨뜨리더군 용서를 살해한 자가 혼자 크는 어둠 뒤에 있더군 목숨을 물건처럼 정리하더군

 가만히 있어도 뒤로 가는 시간은 무성한 숲처럼 낮과 밤 두 곳이 다 까매졌는데 사람처럼 우는 언덕을 당신에게 보낼까 독신의 흔들의자가 되어볼까 결심보다 먼저 멀쩡한 꽃을 자르니까 부드럽기만 바라는 입술을 더러운 소매 끝이 스윽 훔치더군 붉은 흙이 시들고 내가 우는 저녁을 다시 울도록 누군가 웃고 있더군

■ 해 설

상상 속에 펼쳐진 자아와 사회의 음영

송기한(문학평론가, 대전대 교수)

1. 상상력과 언어의 조화

이은심의 이번 시집은 세 번째이다. 시인은 1995년 대전일보 신춘문예에 시부분으로 당선되었고, 이후 2003년 계간 『시와 시학』 신인상을 수상하기도 했다. 그런 다음 곧바로 『오얏나무 아버지』를 현대시에서 상재한 바 있다. 등단 이후 비교적 빠르게 시집을 간행했지만, 첫 시집의 빠른 출간에 비하면 두 번째 시집 발간은 13년이 지난 2017년에 이루어졌다. 이번 시집은 두 번째 시집 출간 이후 약 4년이 경과한 뒤에 비로소 나오게 되었다. 이런 면에서 이 시인의 작품 활동은 흔히 과작寡作의 범주에 드는 경우이다. 작품의 많고 적음에 따라 시인의 위치나 작품의 질이 보증되는 것은 아니기에 그의 이런 행보를 두고 어떤 가치평가를 내리는 것은 적절하지 않다고 하겠다. 그럼에도 이 시인의 작품은 무척 정교하고 세심하다는 느낌을 지울 수가 없는데, 이런 감각은 어쩌면 과작에 머물고 있는 시인의 정서가 반영된 것은 아닐까 하는 생각이 든다.

시인의 작품을 읽으면 대번에 알 수 있는 일이지만, 이 시인의 작품들은 상상력이랄까 비유의 현란함이 상상하기 어려울 정도로 길고 넓게 펼쳐져 있다. 그렇기에 시인의 작품을 읽는 독자는 그 깊이와 넓이를 따라잡기가 쉽지 않다. 그런 감각은 경우에 따라서 시의 난해함으로 다가오기도 하고, 형이상학적 깊이로 느껴지기도 한다. 짧은 형식을 담보하는 서정시의 특성상 이런 압축과 내포, 혹은 복잡한 의장들은 적극 권장되어야 할 요소일 것이다. 따라서 그것은 이 시인의 장점이라고 해도 무방하다. 어떻든 시인의 시들은 이런 여러 서정적 장치들에 의해 둘러싸여 있는데, 그런 기교들이 시를 생산해내는 시인의 노력과 겹쳐진 것이 아닐까 생각된다. 그 결과 그의 시들은 언어적으로 정교하게, 정서적으로 세밀하게 다듬어진 것으로 이해된다. 이번 시집에서 이를 증거하는 시들은 많은데, 특히 시론시 가운데 하나로 생각되는 「문장의 시작」이 그러하다.

> 뜨거운 날개도 없이 새의 높이에 닿을 것처럼
> 바다 한 장 없이 외눈박이 등대를 낳을 것처럼
> 상상은 머리 위를 쿵쿵 걸어 다니지
>
> 말티즈는 사과를 좋아하고 사과는 컹컹 짖고
> 〈

자살한 고양이와 토마토 기러기처럼 평범한 맞춤법으로는 고칠 수 없다군
　도로 위의 불편한 핏자국 말이지
　밤새 삐걱거리던 의자가 뼈만 남은 북극성이라는 소문 말이지

　꾸역꾸역 밀려오는 연과 행의 거미줄을 걷고 구석이라도 꺼내 읽어보세
　우리는 우리를 빈칸으로 써야 한다네

　풀무를 돌려 쇠를 짓는 심정으로 소란소란 우거져 수줍은 본명을 잃어보세
　강으로 흘러가 안개 그 나지막한 온도를 참고 칭찬 한 줄 없이 일찍 일어나는 새벽의 사회생활을 어렵게 읽어보세
　조금만 더 가면 좌측 상단에 못 박힌 죄목을 산맥처럼 매만질 수 있다네
　그 뼛속에서 우리 아파도 좋겠네

　귀를 막으면 잘 들리는 마음 거기서부터 시작하세
　마감을 하루 남기거나 넘기거나
　마지막 한 장 남은 종이 거기서부터 다시 시작하세

　더러는 지우개로 지운 새가 돌아오는 날도 있을 것이네
　　　　　　　　　　　　　　　―「문장의 시작」 전문

여기서 '문장'은 시인이 시도하는 언어의 주름들이다. 그런데 그러한 문장들이 만들어지는 것은 어느 하나의 겹에서 종결되지 않고, 여러 층위를 내포한다. 우선 이 언어들을 만들어내는 장치 가운데 하나가 '상상'이다. 그것은 객관이나 과학적 질서를 뛰어넘는 곳에 자리하는데, 가령, "뜨거운 날개도 없이 새의 높이에 닿을 것처럼", "바다 한 장 없이 외눈박이 등대를 낳는 것"이 그러하다. 이는 일상의 진실 혹은 과학적 질서에서는 불가능한 세계이다. 그런데 이를 가능케 하는 것이 있는데, 그것이 바로 '상상'의 힘이다. 시인은 이를 상상이라 했지만, 이는 코울릿지가 말한 상상력에 가까운 개념이다. 상상력은 일상의 현실 너머에 존재하는 세계이지만 이따금 좀 더 넓은 비약을 감행하기도 한다. 그래서 경우에 따라 초현실이라는 휘장을 만들어내기도 한다. 이은심의 시들이 초현실주의 시에서 볼 수 있는 자동기술법automatic writing 같은 요소가 검출되는 것도 이와 무관하지 않다. 둘째는 평범한 맞춤법의 교란인데, 맞춤법이란 물론 통사론의 영역이다. 통사론을 지배하는 것이 논리적 질서이고 의미를 충실히 생산해내는 영역이다. 그런데 시인은 그러한 질서에 대한 일정 정도 거부감을 갖고 있다. 가령, "자살한 고양이"와 "토마토 기러기"와 같은 것들은 "평범한 맞춤법으로는 고칠 수 없다"고 했다. 그것은 '상상력'의 또 다른 이름이긴 하지만, 그 산란한 정신의 흔적을 언어화한다는 점에서 상상력과 구별되는 경우이다. 세 번째는 빈칸이다. 이는 서정의 여백을 말하는 것인데, 시인은 이를 적극 활용한다. 물론 그 여백을 채우는 것 역시 상상력의 기능 가운데 하나임은 부정할 수 없을 것이다.

  이 세 가지 요소가 이 시인의 작시법이다. 그런데 상상력에 기초한 시인의 글쓰기는 지금껏 이런 성향을 보인 시인들과 비교할 때, 뚜렷이 구분되는 점이 있다. 시인은 이런 의장을 갖춘 후에야 비로소 "칭찬 한 줄 없이 일찍 일어나는 새벽의 사회생활을 어렵게 읽어 보세"라는 지점에 이를 수 있다고 했다. 실상 상상력과 체험의 영역은 엄격히 구분된다. 아니 구분된다기보다 세계관의 관점으로 이해하면 전연 다른 것이 되기도 한다. 상상력을 강조할 것인가 혹은 체험을 강조할 것인가에 따라 시의 분류가 양 극단의 지점에 놓일 수 있는 것이기 때문이다. 하지만 시인은 상상력과 체험을 굳이 구분하지 않는다. 말하자면 상상력 속에서 체험을 읽거나 혹은 체험 속에서 상상력을 읽어내고자 했던 것이다. 이런 상대성이 그의 시세계를 넓게 해주거니와 이는 이전의 시인에게서 볼 수 없었던 특이한 지점이라는 점에서 차별되는 경우이다. 그러한 것은 「자본론」에서도 쉽게 간취된다.

  사물도 오래되면 감정이 생긴다
  젖은 헝겊으로 재갈 물렸던 빨래집게가 속옷 하나를 물고 놓지 않는다

  다 잃고 형식만 남은 걸까
  〈

어쩌나 저 지조는 홀로 휘황하니 내 손등이나 긁을 뿐
짐승의 피가 흐르는 가죽냄새의 비명과 흰 손에 묻은 면 장갑의 실체가 침수된다

잘살고 있겠지

문득 떠오르는 불안을 꾹꾹 눌러 짜고 빨래인 줄 알고 비틀어 짠 손목 한 켤레와 놀라도 죽지 않는 수치의 허우대를 중심 잡는 할복의 긴 빨랫줄

여기만 오면 왜들 뜨거운 리듬을 따라가게 될까

진화는 최초의 청동빛을 여의고 기둥 뒤에 숨어서 제비꽃 무늬를 새긴다
씨줄과 날줄이 고요해지기를
모든 습지가 발랄하게 탈수되기를

흘러내린 어깨에서 남향을 얻기까지 침묵의 입을 무덤으로 가져가는
집게의 윤리

낙마한 자의 곤고한 턱을 지나면 죄의 관절은 더욱 완고해질 것이다 반죽음이 된 진심을 거풍시키면서 빨래집게는 더

라운 것은 죽어도 물지 않는다

그것이 집게의 자본이다

명랑한 자본이다

― 「자본론」 전문

　인용시의 소재는 평범한 일상에서 온 것이지만, 그것이 내포하는 바는 매우 의미심장하다. 정치 경제학에 속할 수 있는 무거운 소재와 상상력이라는 의장이 만들어낸 새로운 의미의 성곽이기 때문이다. 결합하기 쉽지 않은 지점들이 만나서 신선한 충격을 만들어내고 있는 것이 이 작품의 특색인 것이다. 그 신선한 충격을 만들어내는 접점은 집착의 정서이다. '집게'는 빨래를 널 때 사용되는 평범한 소재일 뿐이다. 하지만 그것은 시인의 의식 내부에서 걸러지면서 감정이라는 정서가 생겨나게 된다. "물고 놓지 않고자 하는 성격"이 그러하다. 그런데 이런 집착은 이른바 돈의 세계에서도 그대로 구현된다. 돈은 소유의 대상이고 또 물욕의 대상이다. 그러니 돈과 마주하는 상대는 이를 자기화하고자 하는 욕망이 자연스럽게 일어날 수밖에 없다. '집게'처럼 '물고자' 하는 본능이 돈 앞에서 솟구치는 것이다.

　이런 맥락에서 돈은 욕망이다. 또한 그러한 욕망이 자본주의 사회의 본질을 이루는 것은 자명하다. 시인은 자본주의가 필연적으로 내포할 수밖에 없는 소유욕을 '집게'의 그것으로 치환해서 탁월하게 읽어내고 있다. 빨래집게에서 소유하고

자 하는 욕망을, 그리고 그것을 돈의 생리로 치환한 것은 일상과 체험의 공유지대를 경험하지 않고는 불가능한 일이다. 하지만 시인은 서로 공유할 수 있는 지대를 쉽게 만들어내고 거기서 현대 사회의 단면을 자연스럽게 의미화한다. 이를 가능케 한 것이 상상력의 힘이고 자신만이 구사할 수 있는 문장이 만들어내는 마술일 것이다.

2. 존재론적 고민과 윤리적 자의식

체험과 상상력의 교직 속에서 서정의 의미를 탐색하는 것이 이은심 시의 가장 큰 특징이다. 하지만 서정 속에 녹아든 체험이라고 해서 그것이 어떤 큰 서사적 줄기를 형성하면서 시인의 자의식에 자리하고 있는 것은 아니다. 그것은 그의 시들이 관념이라는 외피를 덜 뒤집어썼다는 의미 그 이상도 그 이하도 아닐 것이다.

체험과 상상력이 빚어내는 서정의 장에서 시인이 주목하는 것 가운데 하나가 존재에 관한 물음들이다. 존재론적 고민이란 평범한 일상뿐만 아니라 은밀한 내면의 고백으로 물들어 있는 서정 시인에게는 우회할 수 없는 주제 가운데 하나일 것이다. 이번에 상재하는 시편들 속에 이런 고민의 흔적들은 촘촘히 박혀 있는데, 실상, 이런 문제의식은 시인의 직전에 펼쳐 보였던 시집에서도 제기되었던 것들이다. 『바닥의 권력』(2017, 황금알)에서 「팔월생 몽고반점」 등이 그 본보기 가운데 하나인데, 이 작품을 지배하는 정서는 외로움이다. 그런데 이 정서는 존재론적인 것이면서 사회적 음영이 투영된 것이기도 하다. 시인의 출생이 1950년이니 그 연도만으로도 시인은 이 시기 펼쳐졌던 전쟁이라는 사회의 어두운 그늘을 비껴가지 못했을 것이다. 어쩌면 그것은 시인의 무의식 속에 자리한 원형이었는지도 모른다. 존재의 전일성에서 비껴나간 흠결들, 조화로운 사회에서 벗어날 수밖에 없었던 소외들이 서정의 물결이 되어 시인의 정서 속에 깊이 박혀 있었을 것이다.

그런데 와결된 질서라든가 정서로부터 떨어져 나온 일탈의 정서들은 이번 시집에서도 비껴가지 못했다. 아니 우회하지 못한 것이 아니라 세상에 피투된 존재라면, 당연히 받아들일 수밖에 없는 필연적 도정이라는 점에서 지극히 자연스러운 것이라 하겠다.

> 사랑이 온 적 없어 거절하지 못했네
> 이별이 온 적 없어 헤어지지 못했네
>
> 동동 구르는 발목을 꼭 쥐고 살자고, 살아보자고, 난간은 말리고 싶었지
>
> 붉은 고무통이 내 스무 살처럼 엎어져 있고
> 구석구석 방수처리를 해도 눈물은 새어 나와 눈에 띄지 않게 천천히 내려가자 했지
> 〈

파란 초원 앞에 서 있는 기분으로 살 수는 없을까 마음을
널어 말리고 벗겨지는 페인트가 본색을 드러낼 때 나는 독학
으로 슬픔을 익혔지

어두운 옷가지를 떨어뜨리는 빨랫줄이 온전한 옷 한 벌
없는 것처럼 나는 왜 거기 있는지 모르는 제라늄화분
 동서남북은 왼쪽 뺨을 마구 때리다가 오른쪽 구석에 가서
울기도 하였네

나는 누구를 웃기려고 울면서 세상에 온 것일까
누구를 울리려고 웃기기만 하는 여기에 온 것일까

끔찍하게 사랑하고 끔찍하게 버림받고
내려갈 길을 잃은 옥상은 지금 우는 사람 몰래 혼자 있네
　　　　　　　　　　　―「옥상에 다녀올 때마다」 전문

지금 자아가 서 있는 자리는 물리적으로 높은 곳이다. 수직이 있는 자리는 저 너머의 낮은 자리를 응시할 수 있다는 점에서 서정의 변곡점을 만들어낼 수 있는 의미 있는 지점이다. 거기서 자아가 던지는 질문은 스스로에게 향한 것인데, 존재론적 회의가 있기에 그 해답을 찾기 위한 도정은 당연히 자신에게 회감될 수밖에 없을 것이다. 하지만 그 정점에서 자아는 어떤 해법에 도달하지 못한다. "나는 누구를 웃기려고 울면서 세

상에 온 것일까"라든가 "누구를 울리려고 웃기기만 하는 여기에 온 것일까"라는 회의가 계속 물결쳐 오기 때문이다.

그런데 이런 회의의 이면을 장식하는 것은 지금껏 모색해왔던 긍정으로 향하는 정서의 부재이다. 긍정으로 나아가고자 하는 희망의 정서와 자신을 배반해왔던 현실과의 길항관계 속에서 뚜렷한 해법을 찾지 못한 탓이다. 존재의 결핍이라든가 사회의 불온성을 초월하고자 하는 정서, 가령, "파란 초원 앞에 서 있는 기분으로 살 수는 없을까"하는 모색의 도정이 내재하고 있었던 것이다. 그러는 한편으로 "미안을 널어 말리고 벗겨지는 페인트가 본색을 드러낼 때 나는 독학으로 슬픔을 익혔지"와 같은 자기 초월의 의지도 적극적으로 모색되기도 했다. 하지만 어떤 매개도 자신과 세계 속에 놓인 간극을 메꾸어주지 못했다.

그 간극을 메우기 위한 실마리를 찾기 위해 시인은 높은 곳에서 낮은 곳을 응시해보기로 한 것이다. 하지만 그것을 찾는 것은 난감한 일이 아닐 수 없다. 서정적 자아는 '내려갈 길'을 결코 찾지 못한 까닭이다. 나아갈 방향과 도래할 미래를 맞이하지 못한 자아가 할 수 있는 선택지는 제한되어 있다. 그래서 자아가 할 수 있는 것은 울면서 혼자 몰래 숨어 있는 일뿐이다.

   우스운 일이지
   내 단골 가게들은 얼마 못 가 폐업한다 머리핀을 사면 머리를 자르고 책을 버리면 문장이 온다 이것이 한 번도 틀리지 않은 내 미신이다

⟨

　엄연하게 나를 가르치던 수천 갈래의 희로애락

　여기가 나를 낳고 낳았던 퀴퀴한 덤불이다

　열 걸음이면 닿는 비정과 다정을 사방연속무늬로 한 몸에 새기고 애증에 찬 시간표가 나를 키웠다

　너는 타락처럼 빨리 자라는구나 이것은 더 이상 클 수 없을 만큼 커버린 내 유머다

　순해지는 마법의 솥을 걸고 부드러운 음식을 지어먹었다

　절망과 좌절이 불어오는 식탁에서 제철 음식이 자라나다니 너는 비애처럼 배만 나왔구나

　복종하는 칼의 어두운 면을 날카롭게 갈아 텃밭의 무거운 아침이슬을 베었다

　믿음을 믿자 믿음을 믿자

　베어도 죽지 않는 죄를 찻물 삼고 내가 모르는 주전자가 잊지 않고 나를 들이켰다

　무사해서 나는 겨우겨우 보통인가

　가로등 아래 토해놓은 지난밤이 지나치게 낭자한 나를 중계한다 양파의 속울음처럼 거침없이 평범한 것들은 왜 낄낄거리고 있는가

　되도록 천천히 될 수 없어도 천천히 일요일의 쿠폰을 종류대로 다 써버린 나는 헛것처럼 앓는 자 왼손으로 준 것을

오른손으로 받으며 멍한 채 누덕누덕하다
이것은 혼자 묻고 혼자 대답하는 내 반어법이다

― 「나는」 전문

　자아의 실존이 이렇게 경색된 데에는 이유가 있을 것이다. 그것은 근원적인 것이기도 하고 실존적이기도 하며, 또 부조리한 현실이 가져다준 것이기도 할 것이다. 「나는」이 말하고 있는 것은 그러한 음역들이다. 이 작품은 마치 서정주의 「자화상」을 보는 듯하다. 서정주는 자신을 키운 것은 '팔할이 바람'이라고 했다. 그런데 여기서 '바람'이 갖고 있는 함의는 매우 상징적이며 형이상학적인 것이기도 하다. 반면, 구체성이 없는 까닭에 관념이라는 혐의도 피해 가기 어렵다. 하지만 「나는」의 경우는 「자화상」의 경우와 매우 다르다. '바람'이라는 관념과 달리 구체적인 까닭이다. 가령 자아의 현존을 만든 것은 "수천 갈래의 희로애락"이며 "퀴퀴한 덤불"이다. 뿐만 아니라 '애증의 시간표'도 현재의 자아를 빼곡히 채워온 터이다. 이런 구체적인 세목들이 있기에 「자화상」과 달리 추상의 영역을 어느 정도 벗어나고 있다.

　존재도 불완전하고 실존 또한 그러하다. 뿐만 아니라 사회 또한 불온하다. 말하자면 서정적 자아를 둘러싼 모든 것들이 전일성을 거부하고 있다. 이런 현실에서 서정적 자아에게는 이전에 없던 왜곡의 정서가 생겨난다. 시인의 표현대로 '미신'이라는 정서가 그러하다. '미신'은 비종교적이고, 비과학적이어서 논리의 영역을 초월한다. 아니 초월이라기보다는 시인이 기대하고 순서랄까 과학 혹은 믿음과는 반대 방향으로 나아가는 것이다. 그러니 시인은 자신뿐만 아니라 현실을 예상하지 못하게 된다. 이는 순응이나 질서와는 반대이다. 동일한 정서란 혹은 건강한 사회란 다가올 것들이 예측 가능한 것이 되어야 한다. 그렇지 못한 것은 기대를 전복시키고, 질서라는 인과성을 무너뜨린다. 그럴 경우 무질서와 같은 혼란, 불합리한 현실이 전개될 가능성이 매우 커지게 된다. 시인의 불구화된 자의식은 여기서 파생된 것들이다.

3. 사회의 어두운 음영에 대한 시선들

이은심 시인이 응시하는 서정의 범위는 비교적 넓은 편이다. 이 범위에는 상상력의 폭도 있고, 자아에서부터 사회에 이르기까지 응시하는 범위도 넓다. 그의 시를 두고 상상력과 체험의 교직이라고 했는데, 이것이 만들어내는 서정의 진폭은 다른 시인들과 달리 크게 울려 퍼져 나온다. 시인이 관심을 두었던 영역은 일차적으로 자아 내부의 것이지만, 시집을 읽어갈수록 그가 포착해내는 시의 외연들은 넓고 깊다. 그 가운데 하나가 사회적 음영들에 대한 깊이 있는 천착이다. 이런 응시는 『바닥의 권력』에서 적확하게 보여준 바 있는데, 여기서 시인은 시장에서 흔히 볼 수 있는 다리 없는 자, 불편한 자들에 대한 따뜻한 응시를 보여주었다. 시인은 이들을 연민의 시선이 아니라 "앞으로만 나아간다"라든가 "박차고 전진한다"와 같은 긍정적 언어의 옷을 입힘으로써 이들의 행보가 결코 좌절스러운 것만이 아님을 역설적으로 표현한 바 있다.

　이번 시집에서도 사회의 어두운 구석들에 대한 시인의 응시는 결코 포기되지 않는다. 『바닥의 권력』에서 어두운 현실에 놓인 자들에 대해서 그만의 장기인 반전의 언어를 덧씌움으로써 그들의 불행이 좌절스러운 것이 아님을 설파했다면, 이번 시집에서는 그러한 요인들을 배태한 것들에 대한 구조적 접근, 형이상학적 접근을 시도하고 있다는 점에서 차별성을 갖고 있다. 그러한 작품 가운데 하나가 「산책의 범위」이다.

　　저물녘의 말이란 가장 느린 보행

　　당신이나 나나 푸르러지는 산책은 쉬어야 할 의자가 상상
　　보다 멀리 있다는 말

　　서쪽으로 먼저 걸어간 당신에게 연두를 연두라고 말하지
　　못한 건 이곳은 곧 저곳이 되는 까닭이었다

　　챙만 남은 모자를 쓰고 입술이 지워진 마스크를 쓰고 누
　　군가의 부름에 답하는 개의 표정을 목줄처럼 쥐어본 나의 거
　　짓엔 실수가 없고

　　모두가 앞으로 나아갈 때 혼자 서 있기 위하여 단지 무엇

인가 있던 자리를 멍하니 바라보기 위하여 오래라는 말이 사
라졌을 때 나는 한쪽 굽만 닳은 팔짱을 풀었다

  내가 다 알 수 없는 시큼한 땀 냄새마저 어둠 속에 빠른
걸음으로 묻어버리고 쩍쩍 갈라지다 혼자가 된 강의 이면에서
이미 엎질러진 후회란 다음 물굽이에 닿아보지 않았다는 말

  오늘을 함부로 밟은 풀밭으로부터 내일 하려고 했던 말
까지는 빙 둘러 켜놓은 부랑의 둘레를 천천히 걷는 길
  우리는 끝이 보이지 않는 관계라고 당신은 빈손을 내밀었
고 나는 끝이 보이는 관계라고 찬 손을 내주었던 며칠

  너무 좋아하면 강을 건너가 버리는 당신은 한쪽 날개가
새파랗게 젖어 있었고 떼어내도 어쩔 수 없이 궂은 날씨가 예
고되어 있었다

—「산책의 범위」 전문

  산책이란 시인의 말을 빌리면, "가장 느린 보행"이다. 느리다
는 것은 목적이 없다는 뜻과 같다. 그러니 여유와 한가로움이
뒤따르게 된다. 곧 "푸르러지는 산책", "쉬어야 할 의자"가 있
어야 가능한 행보이다. 하지만 자아나 당신의 산책은 일상적으
로 알려진 것과는 현저히 다른 것으로 구현된다.
  이 시를 지배한 것은 상대성 내지는 평행성이다. 그런데 여기

서는 그것이 갖고 있는 사전적 의미를 초월한 곳에서 그 의미가 만들어진다. "서쪽으로 먼저 걸어간 당신에게 연두를 연두라고 말하지 못한 건 이곳은 곧 저곳이 되는 까닭"이라고 했다. 지점을 달리할 때, 그에 합당한 의미의 영역이 만들어진다는 것인데, 실상 상대성이 늘상 부정적인 국면을 갖고 있는 것은 아니다. 두 가지 대립되는 테제가 있을 경우에는 이 상대성의 의미가 긍정적으로 가능하기 때문이다. 이 정서는 하나의 도그마가 굳건히 자리할 수 있는 공간을 결코 만들어주지 않는 것이다. 하지만 이 논리가 동일성을 만들어 가는 과정에 놓일 경우에는 사정이 전연 다르게 된다. 특히 조화와 화합과 같은 사회적 동일성이 요구될 때, 이 논리는 경색의 위험을 피할 수가 없기 때문이다. 가령, "우리는 끝이 보이지 않는 관계"가 그것이다. 이는 상대성을 넘어 평행선의 관계로 쉽게 전화한다. 평행선이 하나의 지점에서 조우하는 것은 불가능하다. "당신은 빈손을 내밀었고, 나는 끝이 보이는 관계라고 찬 손을 내줄 수밖에 없는 현실"이기 때문이다.

하지만 자아에게 그러한 현실은 숙명과도 같은 것이다. "우리는 끝이 보이지 않는 관계라고 당신은 빈손을 내밀었지만" 나 역시 "끝이 보이는 관계라고 찬 손을 내밀었기" 때문이다. 끝이 보이는 관계라고 손을 내미는 자아의 시도 역시 결코 긍정적인 것이 아닌데, 그 단적인 예가 바로 '찬 손'이다. 차가운 것이 가지고 있는 원형적 의미가 부정적인 것을 내포하고 있기 때문이다. 그러니 애인처럼 떠나버린 '당신'의 행보가 어떤 긍정의 정서를 담보하지 못하는 것은 당연하다고 하겠다. "좋아하면서 강을 건너는 당신은 한쪽 날개가 새파랗게 젖어 있었고" "떼어내도 어쩔 수 없이 궂은 날씨가 예고되어 있었기" 때문이다.

말하자면 담장 너머 골목인 것이다
풀 한 포기 못 키운 층계참이 구비구비 꽃 피지 않는 화분이라도 들여다보는 것이다 바람 대신 전단지라도 펄럭이면서 귀먹은 자전거가 기어이 구석을 만들고 발돋움으로 먼 곳을 보여주고 싶었던 바닥은 택배 물건을 쌓아놓는 것이다

반음씩 늘리며 나는 올라가서 저 높은 곳을 증명해야 한다 올라간 후엔 반드시 내려와야 하는 거라고 누누이 타이르던 엘리베이터가 고장 날 때 배달부는 쑥쑥 자라는 계단을 배달한다 누가 울다 가고 누가 이불을 털다 가는지 건조한 바람의 안쪽엔 기억만 엿듣는 귀가 있다

우리의 어깨가 나란하지 않다는 것 때문에 상하층이 생겼다는 걸 담뱃불에 속을 태우는 중년은 알게 될까

말하자면 구조적 슬픔이 층계참을 만들고
빈 짜장면 그릇을 실시간으로 사라지게 한 것이다 나무 대문이 있는 골목이라도 상상하고 싶어서 사람 같은 강아지는 수술한 성대로 짖고 이웃과 나의 사생활엔 흙 한 점의 증

거도 남지 않는다

   나는 반음씩 접으며 타박타박 내려가고 층층나무 이파리 사이로 물통을 든 비정규직 청소부는 올라온다 비상구를 16층까지 끌어올리며 앙상한 커브의 대를 이어갈 것처럼
— 「말하자면 계단은」 전문

「산책의 범위」가 수평 속에서 걸러지는 모순의 관계를 묘파했다면, 「말하자면 계단은」은 수직 속에서 그 불합리한 관계망을 읊은 시이다. 시인은 수평 속에서 상대성이라든가 평행선이 갖는 의미, 그리고 그것의 사회적 내포를 읽어냈다. 「말하자면 계단은」은 「산책의 범위」의 연장선에 놓인 것인데, 시인이 여기서 주목한 것은 위계질서이다. 그러한 관계를 치환해서 '계단'으로 은유화한 것은 매우 참신한 의도라고 하겠다.

  여기서 계단은 두 가지 함의를 갖는다. 하나는 물리적인 것이고, 다른 하나는 형이상학적인 것이다. 물론 전자의 의미에 후자의 의미가 일정 정도 담겨 있다고 보아야 한다. 우선 이 작품의 배경은 아파트 안이다. 시인은 이곳을 "담장 너머 골목"이라고 표현했다. 아파트를 수평으로 펼쳐놓으면 아파트의 계단은 골목이 될 수도 있을 것이다. 어떻든 자아는 계단을 오르면서 세밀한 관찰을 한다. 마치 현대성을 탐색하는 산책자처럼 골목의 구석, 곧 계단의 구석을 자세하게 관찰하는 것이다. 그는 이곳에서 다양한 삶의 양태를 발견한다. 전단지가 널려

있는 모습을 보는가 하면, 구석에 박혀 있는 자전거도 발견한다. 뿐만 아니라 빈 짜장면 그릇이 놓여 있는 것도 보고, 들리지 않는 반려견의 울음소리도 마치 현실화되고 있는 것처럼 상상 속에서 듣고 있기도 하다. 뿐만 아니라 "이웃과 나의 사생활엔 흙 한 점의 증거도 남지 않는다"는, 익명화된 현대 사회, 무관심한 아파트 문화의 병리 현상에 시선을 던지기도 한다.

계단이 갖는 또 다른 함의는 형이상학적인 의미와 관련이 깊다. 사회의 불온성을 만들어내는 것이 「산책의 범위」에서 평행선의 논리였다면, 「말하자면 계단은」에서는 수직의 선일 것이다. 계단은 그 은유적 표현인데, 자아는 이 세밀한 관찰을 통해서 다음과 같은 현실적 판단에 이르게 된다. "우리의 어깨가 나란하지 않다는 것 때문에 상하층이 생겼다는 것"이다. 여기서 '어깨'가 위계질서이며, 경제적 불평등임은 자명하거니와 시인은 이 시대의 불행한 단면들이 모두 여기서 발생한 것임을 에둘러 말하고 있다. 다시 말하면, '구조적 슬픔이 층계참'을 만들었다는 것이다. 그러한 것의 상징적 표현이 "나는 반음씩 접으며 타박타박 내려가고 층층나무 이파리 사이로 물통을 든 비정규직 청소부는 올라온다"일 것이다.

4. 실존을 넘는, 이상을 향한 도정

이은심 시인은 상상력의 날개를 언어의 차원에서만 펼쳐낸 것은 아니다. 그는 자아에서 그 외연에 놓여 있는 것들에 이르기까지 꾸준한 상상의 날개를 펼쳐 왔다. 시인의 작품 세계를 지탱하는 두 축은 자아와 사회이다. 경우에 따라 이 둘 사이는 넓고 커 보이는 것도 사실이다. 하지만 인간의 꿈 가운데 하나가 유토피아에 있다는 점에서 이 두 영역은 결코 분리되는 것이 아니다. 자아의 동일성이 이루어지면 사회의 동일성도 마찬가지로 성취되는 것이기 때문이다. 그것의 관계망을 이해하고 있기에 시인이 보내는 시선들은 결국 같은 선상에 놓여 있는 것이라 할 수 있다.

그럼에도 이번 시집에서 시인의 시선은 자아보다는 사회에 보다 깊이 경사된 듯 보인다. 그것은 이번 시집이 『바다의 권력』에서 더듬어 들어갔던 미천한 부분들, 사회의 최저 영역들과 더 밀접한 관련을 맺고 있기 때문이다. 시인이 탐색한 것은 사회의 아랫부분인데, 이번 시집에서는 이에 대한 뚜렷한 응시, 그리고 그에 대한 근원적 탐색에 많은 부분들이 할애되었다. 사회는 자본을 향한 집착처럼 욕망이 판을 치는 세계이고, 서로 화해하기 힘든 양극단의 논리가 지배하는 곳이다. 이런 사회에서 조화라든가 질서와 같은 감각을 기대하기는 어려울 것이다. 그 불행한 단면을 딛고 일어서고자 하는 것, 그것이 시인이 이번 시집에서 보여준 또 다른 서정적 의의 가운데 하나일 것이다.

물이 물속을 들여다본다
내 집은 뜨거운 숨결의 강가
눈물 한 방울이 부족해서 넘치지 않는 이 한 줄기 아름다

운 구조는 어머니인, 가장 어머니인 손처럼 축축하다

  무엇을 바라고 왜가리 한 마리 반대편에서 건너온 강물을 마시고 간다 우리가 함께 중얼거렸던 것은 물고기의 모국어였는지 몰라 물의 사슬엔 일파만파의 시비가 없고
  강을 건너면 좋은 일이 있을 거라고 찬비에 잔등을 내준 너는 자전거를 끌고 다리를 건너갔다 책망받는 밤이 자꾸 와서

손톱처럼 조용하게 탁류처럼 부족하게
세상의 물들은 조용히 엎질러질 뿐이다

  그 파문의 어지럼증을 노 저어가면 사람의 깊은 곳엔 옹달샘이 있다 했다 앞을 씻으면 뒤가 다시 젖는 삶은 흐르다를 따라가 흔히 강이 되었다 하고 내 오두막으로 물에서 건진 강을 들고 오는 흐름이란 익사하지 않기 위해 얼마나 멀리 헤엄쳐가는가

  별이 몇 개 부족한 하늘로 폭죽을 쏘아 올린다 모랫벌에선 아픔까지도 배웅할 수 있을 것 같아 사람의 눈물만 모아도 길고

  물 위를 걸어오는 악천후 그 파탄의 즐거움을 철썩이면 물 샐 틈 없이 우리 가득하다 남김없이 우렁차다
                              ─「중얼거리는 액체들」 전문

이 시의 중심 화두는 유동성 내지 흐름이다. 물은 공기와 마찬가지로 빈 공간을 여백 없이 침투하는 기능을 갖고 있다. 그러니 물이 있는 곳에 물리적 여백이 존재하는 것은 불가능하다. 서정적 자아와 세계, 세계와 세계 사이의 불화, 그 거리가 화해할 수 없는 여백으로 남겨져 있다는 사실을 전제한다면, 이를 채워나가는 유동적인 물을 발견한 것으로만으로도 시인의 시적 작업은 매우 의미심장한 것이 아닐 수 없다.

시이은 물을 일단 모성적인 것으로 이해한다. 그것은 생산이고 근원이다. 뿐만 아니라 모든 갈등을 초월하는 절대 지대의 표상이기도 하다. 서정적 자아는 물을 "한줄기 아름다운 구조"라 했거니와 "어머니인, 가장 어머니인 손처럼 축축하다"고도 했다. 모성적인 것은 근원이고 통합이며, 또한 축축한 것은 메마른 것의 대항담론이다. 그런 정서들은 벌어진 틈을 좁히고 메워서 비로소 완전한 유기체로 거듭 태어나게 한다.

물이 모성적인 것이기에 그것은 모두에게 생명의 근원과도 같은 것이다. 따라서 그것은 작품 속의 '왜가리'나 '우리', 그리고 '물고기'와 함께 공유되는 대상이다. 공유된다는 것에는 때로는 갈등이 전제될 수 있다. 서로 더 많은 영역을 확보하기 위한 경쟁이 펼쳐지는 장이 될 수도 있기 때문이다. 하지만 물은 그러한 싸움을 수용하거나 인정하지 않는다. 갈등에 대한 파문이 있더라도 결국 "물의 시슬엔 일파만파의 시비"가 없는 까닭이다. 파문이라는 시비가 없고 공백을 메우는 빽빽한 채움의 세계, 그것이 물의 본질이다. 여기에 이르게 되면, 이 시인이 자아의 불구성이나 사회의 불온성을 딛고 나아가고자 하는 유토피아의 도정이 무엇인지 어렴풋이 짐작하게 된다. 자연이 주는 이법의 세계, 그 완벽함이 바로 그것이다. 불구화된 인간, 불완전한 사회가 그들의 결핍을 매우기 위한 필요충분조건이 자연과 같은 완전함에 있기 때문이다.

감나무는 감을 낳고 어미나무가 되었다 낙엽이 나무를 비울 때 시월은 더 시월인 것 가을 외에는 아무도 살지 않도록 입구를 단단히 여며두고 할 수 있는 일이라곤 길고 얇은 스웨터를 꺼내 입는 일

어제 운 너는 오늘 또 울게 된다고 나무가 하는 말을 들었다 하지만 나무여 나는 당신의 사람이 되지 못해 귀 막고 흘러가는 바람 혹은 각자의 얼굴을 먼 곳처럼 들고 있는 뼈 아픈 부의(賻儀)

가을 상가(喪家) 문턱 너머 어린 상주는 삶에서 죽음을 뺀 어깨 넓이를 받쳐 들고 피곤하구나 근처엔 큰 산이 있어서 그림자가 산 것들의 낮은 목소리에 우렁우렁 겹쳐진다 일찍이 하산한 땅에는 한 사람분의 공터가 새처럼 부족한 속내를 푸닥거리하고

곳에서 곳으로
누운 한 사람이 가는 길

새가 깃들어오는 것을 막을 수 없는데 소녀라는 말이 들어간 문장 속에서 저녁을 짖어대는 개조차 없다면 얼마나 깊은가 이 방은,

　불현듯과 거침없이 사이에서 얼마나 작은가, 나는

　사랑은 다 배우지 못한 질병인데

　휘익 저물어

　누가 부를 때마다 고개 숙이는 일이 많아진다 그냥 살자 쉽게들 말하지만 쉽게 달래지는 건 아무것도 없다 빨리 집에 가서 반쪽인 것들과 잠들고 싶다

―「곳곳 가을」 전문

인용시는 자연이 주는 섭리와 이에 대한 자아의 자세가 잘 나타난 작품이다. 자연은 스스로 흘러가는 객관적 실체일 뿐이다. 따라서 그것은 순리나 이법 등을 함의하면서 자기 세계만에 갇혀 있다. 인간은 그저 그러한 자연에 순응하는 자세를 가지면 그뿐이고, 또 이야말로 대단한 성취가 아닐 수 없다. 이 작품에서 가을은 변화무쌍한 것처럼 보이지만 실상은 그저 자연의 일부일 뿐이고, 여기에 시적 자아가 할 수 있는 일이란 그러한 계절의 변화에 순응하는 것뿐이다. 그 와중에 자아는 자연과 대화하고 그들의 음성을 듣는다. 하지만 여기서 어떤 섭리를 자기화하고 이를 실천하고자 하는 윤리적 결단에까지는 이르지 못한다. 단지 존재 밖에서 벌어지는 현상과, 이에 맞서

는 자아의 편린들만이 산발적으로 드러나 있을 뿐이다.

 자아의 이런 모습을 두고 치열한 자기 모색의 결여라고 할 수도 있을 것이다. 하지만 시인의 작품 세계를 관류하고 있는 것은 어떤 선언이나 주장에 대해 쉽게 동조하는 경우는 거의 없다. 이 또한 그의 시의 특색 가운데 하나인 상상력의 힘일는지 모르겠다. 시인은 열린 공간을 향해서 자신의 상상력을 언어로 채워나갈 뿐 거기에 강력한 메시지를 주거나 강요하지 않는 것이다. 그럼에도 은근히 던지는 전언들은 사뭇 역동적이다. 그것이 이 시인의 장점일 것인데, 시인은 은연중에 이렇게 말한다. "빨리 집에 가서 반쪽인 것들과 잠들고 싶다"고. 이 얼마나 평범한 듯하면서도 강렬한 전언인가. 그것은 '중얼거리는 액체'와 같은 몸짓이기도 하고, 또 자연의 평범한 진리와도 같은 것이다. 가식과 허위가 없는 세계, 집착이 없는 세계, 그리고 사회적 불평등이 없는 세계가 시인이 모색하는 서정적 진실이 아닌가. 시인은 강력한 메시지로 말하진 않지만, 그에 대한 지속적인 꿈을 계속 간직하고 있었던 것으로 보인다. "나무는 본 대로 자라고 새는 들은 대로 노래하는"(「그때 그 새들은 어디로 갔을까」) 세계가 그가 도달하고자 한 구경적 유토피아일 것이다. 강렬한 선언이나 메시지 없이도 이미 그의 시세계에서는 이런 꿈틀거림이 매우 힘차게 울려 퍼지기 시작했는 바, 그것이 이번 시집의 궁극적 의의일 것이다.